Enrico Ferri, Hans Kurella

Socialismus und moderne Wissenschaft

Enrico Ferri, Hans Kurella

Socialismus und moderne Wissenschaft

ISBN/EAN: 9783743439054

Hergestellt in Europa, USA, Kanada, Australien, Japan

Cover: Foto ©Suzi / pixelio.de

Enrico Ferri, Hans Kurella

Socialismus und moderne Wissenschaft

SOCIALISMUS

UND

MODERNE WISSENSCHAFT

(DARWIN-SPENCER-MARX)

VON

PROFESSOR ENRICO FERRI

MITGLIED DER ITALIENISCHEN DEPUTIRTENKAMMER

MIT GENEHMIGUNG DES VERFASSERS ÜBERSETZT UND ERGÄNZT

VON

DR. HANS KURELLA

LEIPZIG

GEORG H. WIGAND'S VERLAG

1895

VORWORT DES VERFASSERS.

Die vorliegende Arbeit ist eine erweiterte Ausgabe einer Rede, die ich am 1. Mai d. J. in Mailand gehalten habe. Als Anhänger von CHARLES DARWIN und HERBERT SPENCER will ich beweisen, dass der Socialismus Marxistischer Richtung nur eine Weiterführung der Entwicklungslehre darstellt. Die Lehre von KARL MARX ist die einzige socialistische Theorie, welche wissenschaftliche Methode und Bedeutung besitzt, und deshalb die einzige, welche die socialistischen Parteien der ganzen Welt einmütig beseelt und leitet. Nach meiner Meinung ist sie nichts als die praktisch fruchtbare Ergänzung jener wissenschaftlichen Revolution auf socialem Gebiete, die, vor Jahrhunderten durch die Wiederbelebung der italienischen Forschung und die Anwendung der induktiven Methode auf alle Zweige menschlicher Erkenntnis vorbereitet, in unseren Tagen durch die Arbeiten DARWIN's und SPENCER's ausgebildet und organisiert worden ist. Zwar sind diese beiden Forscher vor den letzten Schlüssen auf religiöse, politische und sociale Probleme, die sich aus ihren unerschütterlichen Prämissen ergeben, auf halbem Wege stehen geblieben, aber diese

rein individuelle Halbheit kann den Gang der ver-
jüngten Forschung und die Entwicklung ihrer praktischen Konsequenz nicht aufhalten; ihre Konsequenzen
stehen in zu mächtigem Einklange mit den dringendsten Forderungen, den schmerzlichsten Notwendig-
keiten unserer Zeit. Je mehr DARWIN und SPENCER
vor dem letzten Schritt gezögert haben, um so
wichtiger wird eine gerechte Beurteilung der politischen und wissenschaftlichen Thätigkeit von MARX,
mit dem das glänzende Dreigestirn des modernen
wissenschaftlichen Denkens seinen Abschluss findet.

Gedanke und Gefühl sind die beiden Trieb-
kräfte des individuellen und des gemeinschaftlichen
Lebens. Lange ist der Socialismus von lebhaften
aber regellosen und zerfahrenen Strömungen, die
einem philanthropischen Gefühle entsprangen, hin-
und hergetrieben worden, erst in dem genialen Werke
von MARX und dem seiner Mitarbeiter und Nach-
folger hat er die Magnetnadel für seinen Kurs auf
wissenschaftlichem und politischem Gebiete gefunden.
Dies ist zugleich der Grund seiner täglichen, überall
vordringenden Eroberungen, seines Eindringens in alle
Regungen des Gedankens und Gefühls.

Die Civilisation, diese an schönen Früchten so
reiche, komplizierte Errungenschaft der menschlichen
Thätigkeit, birgt zugleich ein Virus von furchtbar
ansteckender Kraft in sich. Neben den glänzenden
Produkten der wissenschaftlichen, künstlerischen und
industriellen Thätigkeit häuft sie die ätzenden Giftstoffe
des Elends und des Verbrechens, des Müssiggangs
und des Wahnsinns an, des Selbstmords und jener

moralischen Selbstvernichtung des Servilismus. Zugleich verkündet ein verzweifelter Pessimismus,
das traurige Zeichen eines ideallosen Lebens und
das Symptom einer Erschöpfung und Entartung des
Nervensystems, die gänzliche Vernichtung der Menschheit, um das Leid zu enden. Aber wir Socialisten
glauben noch an die heilende Kraft der Natur, der
Socialismus birgt jenen Hauch eines neuen und
besseren Lebens, der die Befreiung der Menschheit,
wenn auch vielleicht unter Fieberschauern, von den
giftigen Produkten der heutigen Entwicklungsphase
anregen soll, damit ihre gesunden und befruchtenden
Kräfte eine neue Ernte bringen für alles, was
Menschenantlitz trägt.

Rom, im Juli 1894.

ENRICO FERRI.

VORWORT DES ÜBERSETZERS.

Die Zeichen mehren sich, dass man auch in Deutschland anfängt, dem roten Gespenst ohne Furcht ins Auge zu sehen, und dass das deutsche Volk sich vor ihm nicht wieder hinter einen Wall von Bajonetten verkriechen will. Mit dieser männlichen Haltung ist zugleich das Bedürfnis aller Gebildeten rege geworden, sich darüber klar zu werden, welche Stellung der Socialismus im Rahmen der heutigen Wissenschaft einnimmt, welche Weltanschauung sich mit ihm vereinigen lässt, welche andere etwa direkt oder indirekt zum Socialismus führt.

Es giebt namhafte Nationalökonomen, welche die Frage nach solchen wissenschaftlichen Affinitäten des Socialismus für unerheblich erklären, weil ein sociales System mittelst der Naturwissenschaften weder zu verteidigen noch zu widerlegen wäre. Den in seiner Disciplin souveränen Fachmann mag diese Anschauung befriedigen; die sociale Frage ist aber nicht nur ein Objekt der systematischen Specialforschung, sie ist zugleich eine politische und eine ethische Frage und deshalb findet sie, wie Politik und Ethik überhaupt, ihren Platz im Rahmen einer umfassenden Weltanschauung. Stuart Mill und

E. DÜHRING, STANLEY JEVONS und HARALD HÖFFDING,
F. TÖNNIES und TH. ZIEGLER haben das auch gemeint
und aus dieser Überzeugung heraus der Menschheit
ihre wertvollen Dienste geleistet.

Es ist deshalb notwendig, die logischen und
psychologischen Beziehungen zwischen dem Darwinismus und der socialistischen Theorie ernsthaft zu
untersuchen. Vor kurzem hat Professor K. E. ZIEGLER [1]
einen nicht ernsthaften Versuch in dieser Richtung
gemacht. Er tritt mit der Prätension auf, die socialdemokratische Theorie zu widerlegen; anstatt
aber dem Titanen MARX, dem grossen Vertreter des
wissenschaftlichen Socialismus oder seinem dialektisch
gewandten Interpreten ENGELS zu widerlegen, richtet
H. E. ZIEGLER seine leichten Pfeile gegen den Social-
demokraten BEBEL. Es ist unglaublich, aber wahr,
dass ein deutscher Professor BEBEL's Buch über die
Frau für den Inbegriff der socialistischen Theorie
halten konnte.

Darum nimmt denn auch in ZIEGLER's Widerlegung die Diskussion der von BEBEL — und auch
von ENGELS in seinem Werke über die Familie
— acceptierten POST-MORGAN'schen Hypothese über
die Urgeschichte der Familie und Ehe den breitesten
Raum ein. Und doch hat diese Hypothese mit dem
Socialismus als solchem nicht das Mindeste zu thun,
sondern giebt BEBEL nur Gelegenheit, seinen Zukunfts-

---

[1] ›Die Naturwissenschaft und die socialdemokratische Theorie,
ihr Verhältnis dargelegt auf Grund der Werke von Darwin und
Bebel. Zugleich ein Beitrag zur wissenschaftlichen Kritik der der-
zeitigen Socialdemokratie‹ (Stuttgart 1894).

staat nach dem Vorgange grösserer Propheten auch
mit den Lockungen einer ungebundenen Geschlechts-
lust auszustatten.

Um so dürftiger fallen bei ZIEGLER dagegen die
Kapitel aus, in denen die engsten Beziehungen
zwischen Socialismus und Darwinismus zu Tage
treten, die von der *Ungleichheit der Individuen* und
dem *Kampf ums Dasein* handeln. Die Dürftigkeit, mit
der ZIEGLER gerade dieses letzte Hauptproblem behandelt,
muss um so mehr auffallen, als er der Weismann-
schen Richtung des *Neo-Darwinismus* angehört, in
dessen phantasievoller Naturphilosophie die Betonung
des Selektions-Princips die einzige solide Leistung ist.

Der Beifall, den ZIEGLER's Buch in der reaktionären Presse fand, veranlasste mich, eine eingehende
Kritik desselben zu verfassen, mit der ich eben beschäftigt war, als der berühmte Strafrechtslehrer
E. FERRI mir das Buch übersandte, welches ich hiermit
dem deutschen Publikum übergebe.

Es wurde zwar ohne Kenntnis des ZIEGLER'schen
Pamphlets geschrieben, ist aber trotzdem die
glänzendste Widerlegung desselben; ich habe deshalb
meine eigene Kritik ZIEGLER's zurückgelegt und mich
darauf beschränkt, in Fussnoten auf die einschlägigen
Auslassungen ZIEGLER's hinzuweisen.

Ich glaube, dass FERRI das entscheidende und
letzte Wort in der von VIRCHOW angeregten Diskussion
über die Beziehungen zwischen Darwinismus und
Socialismus gesprochen hat, und ich hoffe, dass seine
geistvollen Gedanken, die Frucht einer ungewöhnlichen,
philosophischen und naturwissenschaftlichen Bildung,

beitragen werden zur Erfüllung des dringendsten Bedürf-
nisses der Zeit, der unparteiischen und ruhigen Beurteilung des Socialismus durch das gebildete Bürgertum.

Es ist kaum ein Jahr her, dass FERRI und mit
ihm die edelsten und geistig höchststehenden Männer
Italiens — LOMBROSO, GRAF, DE AMICIS — in das socialistische Lager übergetreten sind. Der Gläubiger
der corrupten *Banca Romana*, der würdige Nach-
folger des *Rè Bomba*, CRISPI, hat seitdem eine
wütende Verfolgung gegen den oben in idealistischer
Schwärmerei sich erhebenden italienischen Socialismus
begonnen und sich damit zugleich selbst die Grube
gegraben. Das Buch FERRI's wird somit zugleich
eine Einführung in den Gedankenkreis des italienischen Socialismus sein, der, heute wenigstens, in
seiner ethischen Färbung mehr einem Verbande von
Märtyrern des primitiven Christentums als einer
dynamitsüchtigen Verschwörer-Gesellschaft gleicht.

Wenn ich von meinem langjährigen Waffenge-
fährten im Kampfe um den »geborenen Verbrecher«
und meinem seit unseren römischen Schlendertagen
mir nahe stehenden verehrten Freunde darin abweiche,
dass mir ein Reich socialer Gerechtigkeit auch ausserhalb der Diktatur des heutigen Proletariats denkbar
erscheint, so hoffe ich doch mit ihm, dass dieses
Buch ein Faktor der grossen Entwicklung werden
möge, welcher die Menschheit aus und durch Kampf
und Streit zum Frieden führen wird.

Brieg, am 1. Januar 1895.

DR. MED. H. KURELLA.

INHALT.

I. TEIL.

DARWINISMUS UND SOCIALISMUS

I.

VIRCHOW UND HÄCKEL
ÜBER DIE POLITISCHE BEDEUTUNG DES
DARWINISMUS.

Am 18. September 1877 hielt auf der deutschen
Naturforscherversammlung in München der berühmte
Jenaer Biolog ERNST HÄCKEL einen beredten Vortrag zur Verbreitung und Verteidigung der Darwinschen Theorie, die damals die stürmischste Phase
der Polemik und des Kampfes durchlebte. Einige
Tage darauf sprach VIRCHOW [1], der damals wie heute
zwar der parlamentarischen Partei des *Fortschritts*
angehörte, aber in der Politik wie in der Wissenschaft alles Neue mit lebhafter Antipathie betrachtet,
und bekämpfte energisch die neue Theorie der
organischen Entwicklung, der er, in kluger Voraus-
sicht, das Anathema und den Alarmruf entgegen-
schleuderte: »Der Darwinismus führt unmittelbar zum
Socialismus«.

---

[1] Amtl, Bericht d, 50. Vers. d. Naturf. u. Aerzte zu München
1877, p. 68. — Vgl. Ziegler, »Die Naturwissenschaft und die socialdemokratische Theorie« (Stuttgart 1894), p. 12 ff.

Die deutschen Darwinianer, HÄCKEL und OSCAR
SCHMIDT an der Spitze, protestierten sofort und be-
haupteten einen unvereinbaren Gegensatz zwischen
Socialismus und Darwinismus, den sie, da derselbe
an sich schon im Widerstreit zu den herrschenden religiösen, philosophischen und biologischen Anschauungen stand, nicht auch als politisch ketzerisch gelten
lassen wollten.

So schrieb OSCAR SCHMIDT im *Ausland* (27. Nov.
1877): »Wenn die Socialisten klug wären, würden
sie alles aufbieten, um die Descendenztheorie totzuschweigen, denn diese Lehre verkünde laut die
Haltlosigkeit der socialistischen Ideen«.

HÄCKEL erklärt in einer längeren Polemik gegen
VIRCHOW, keine wissenschaftliche Lehre verkünde
klarer als der Darwinismus, dass die von den Socialisten erstrebte Gleichheit aller Individuen eine Unmöglichkeit sei, und dass diese Gleichheits-Chimäre
in absolutem Gegensatz zu der praktischen Ungleichheit stehe, die überall zwischen den Individuen bestände. Der Socialismus verlange für alle Bürger
gleiche Rechte, gleiche Pflichten, gleichen Besitz und
gleichen Genuss; die Descendenztheorie erkläre dagegen, dass die Verwirklichung dieser Wünsche
durchaus unmöglich sei, dass in der menschlichen
Gesellschaft wie in den Tiergeschlechtern weder
Rechte noch Pflichten, weder Besitztümer noch Ge-
nüsse der in ihnen vereinigten Individuen gleich sein
werden und niemals gleich sein können. Das grosse
Gesetz der Arbeitsteilung lehre, sowohl in der
allgemeinen Entwicklungstheorie wie in ihrem bio-

logischen Teile, der Descendenztheorie, dass die Verschiedenheit der Erscheinungen aus einer ursprünglichen Gleichförmigkeit entspränge, die Differenzierung der Funktionen aus einer primitiven Gleichwertigkeit, der komplizierte Bau der Organismen aus einer anfänglichen Einfachheit. Für alle Individuen sind von ihrem Eintritt ins Leben die Existenzbedingungen ungleich. Dazu kommen die mehr oder weniger ungleichen vererbten Eigenschaften und angeborenen individuellen Anlagen. Wie könnten dann wohl unsere Lebensfunktionen und die sich aus ihnen ergebenden Resultate überall gleich sein. Je entwickelter das Leben ist, fährt HÄCKEL fort, desto mehr Wichtigkeit erhält das grosse Princip der Arbeitsteilung, desto dringender erfordern die bleibenden Interessen des Staates, dass seine Bürger sich in seine so verschiedenen Aufgaben teilen; und da die von den Individuen erforderte Arbeit und die dazu nötigen Kräfte, Begabungen und Mittel im höchsten Masse verschieden sind, ist es natürlich, dass entsprechende Verschiedenheiten auch in der Entschädigung für diese Leistungen bestehen. Dies sind so einfache und evidente Thatsachen, dass jeder gebildete und intelligente Politiker sich bemühen sollte, die Descendenztheorie und die allgemeine Entwicklungslehre als bestes Gegengift gegen die absurde, utopistische Gleichheit der Socialisten zu verbreiten. Gerade der Darwinismus oder die Lehre von der Auslese sei von VIRCHOW in seiner Denunziation gemeint worden, noch mehr als der Transformismus oder die Descendenztheorie, die so oft mit der

1 *

Selektionslehre verwechselt wird. Gerade der Darwinismus sei alles, nur nicht socialistisch; wolle man
ihm, was erlaubt ist, eine politische Tragweite zu-
schreiben, so könne dieselbe nur aristokratische Bedeutung haben, niemals eine demokratische und am
wenigsten eine socialistische. [1]

Die Selektionstheorie lehre, dass im Leben der
Menschheit, wie in dem der Pflanzen und Tiere,
immer und überall eine bevorzugte Minderheit allein
am Leben bleibt und zur Entwicklung kommt, die
ungeheure Mehrzahl dagegen mehr oder weniger vor-
zeitig leidet und unterliegt. Die Keime aller Pflanzen und Tierspecies und die daraus entstehenden
jugendlichen Individuen sind zahllos; aber unter ihnen
sind relativ nur wenige, die das Glück haben, sich
zu voller Reife zu entwickeln und das Ziel ihrer
Existenz zu erreichen. Der grausame und erbarmungs-
lose Kampf ums Dasein, der in der ganzen belebten
Natur wütet und wüten muss, die ewige und unvermeidliche Konkurrenz aller Lebewesen untereinander
ist eine unleugbare Thatsache. Nur die kleine Elite der
Stärksten und Bestangepassten kann diese Konkurrenz
siegreich bestehen, die grosse Mehrheit der nicht
begünstigten Individuen muss notwendigerweise zu
Grunde gehen. Man mag diese fatale Tragödie beklagen, aber man kann sie weder ändern noch leugnen. Viele sind berufen, aber wenige sind auserwählt!

---

[1] Häckel, »Freie Wissenschaft und freie Lehre« (Stuttgart 1878).
H.'s Ausführungen sind nicht nach dem deutschen Original, sondern
nach dem Referate Ferri's wiedergegeben. — K.

Die Selektion, die Auslese dieser Auserwählten ist notwendigerweise mit der Niederlage oder dem Untergange der verdrängten Existenzen verbunden. Deshalb habe mit Recht ein englischer Forscher als Grundprincip des Darwinismus das Überleben der Besten bezeichnet.

Jedenfalls sei also das Selektionsprincip nicht seinem Wesen nach demokratisch, vielmehr durchaus aristokratisch. Wenn daher der bis zu seinen letzten Folgerungen durchgeführte Darwinismus eine »höchst bedenkliche Seite« für den Politiker habe, wie VIRCHOW behauptet, so bestehe dieselbe zweifellos darin, dass er aristokratische Neigungen begünstigt.

Ich habe diese Ausführungen HÄCKEL's so ausführlich wiedergegeben, weil man dieselben Äusserungen in etwas anderem Tone und mehr oder weniger gewandt von allen Gegnern des Socialismus hört, die gern eine wissenschaftliche Pose annehmen und sich zu grösserer Bequemlichkeit in der Polemik gern landläufiger Phrasen bedienen, die auch in der Wissenschaft Kurs haben.

Es ist nicht schwer zu zeigen, dass in dieser Polemik VIRCHOW der war, der den sichersten und klarsten Blick besass, da die Geschichte der letzten beiden Jahrzehnte ihm völlig recht gegeben hat.

In dieser Zeit haben nämlich die beiden Richtungen sich mit erstaunlicher Kraft ausgebreitet, die eine ist in ihren Grundzügen widerspruchslos von allen Naturforschern angenommen worden, die andre hat sich mit ihren allgemeinen Bestrebungen wie in ihrer politischen Taktik in allen Kanälen des öffentlichen

Bewusstseins und Gewissens verbreitet, hier in einer
ganze Bezirke ergreifenden Springflut, unter dem
täglich wachsenden Drucke materiellen und moralischen
Elends, dort als eine langsam und unaufhaltsam in
die feinsten Verzweigungen der Gedanken hinein-
sickernde Masse, die alle Köpfe ergriff, die nicht
ganz von Vorurteilen beherrscht oder an der Staats-
krippe verblödet sind.

Politische und wissenschaftliche Theorien sind
Naturerscheinungen, wie alle anderen, und nicht ka-
priziöse und ephemere Arabesken der persönlichen
Willkür ihrer Urheber; wenn nun diese beiden
Hauptströmungen des modernen Denkens im stande
waren, nebeneinander vordringend die sofort sich er-
hebende äusserst heftige Opposition der wissenschaftlichen Rückläufigkeit zu überwinden, wenn alle Tage die
Phalanx ihrer bewussten Anhänger wächst, so bedeutet
das schon für sich allein — als ein Fall von in-
tellektueller Symbiose — dass sie einander nicht un-
versöhnlich oder unvereinbar gegenüberstehen können.
Dazu kommt, dass die drei Hauptargumente, auf
welche sich die gegen den Socialismus gerichteten
Ausführungen HÄCKEL's im Wesentlichen reduzieren
lassen, weder der elementaren Kritik wissenschaftlicher Begriffe noch der unbefangenen Beobachtung
des täglichen Lebens stichhalten.

Diese drei Argumente sind folgende:

1. Der Socialismus erstrebt eine chimärische
Gleichheit für alle und für alles. — Dagegen zeigt
der Darwinismus nicht nur die Existenz, sondern
auch die organischen Gründe der natürlichen Un-

gleichheit der Menschen in ihren Fähigkeiten wie in ihren Bedürfnissen.

2. Im Leben der Menschheit und der ganzen organischen Welt ist die ungeheure Mehrheit der zur Welt kommenden Individuen zum Unterliegen bestimmt, weil nur eine kleine Minderheit im Kampfe ums Dasein siegreich ist. Dagegen behauptet der Socialismus, dass alle diesen Kampf bestehen können und dass keines in demselben zu unterliegen braucht.

3. Der Kampf ums Dasein sichert »das Überleben der Besten oder der Bestangepassten«, und es ergiebt sich daraus ein aristokratischer Prozess individueller Auslese im Gegensatze zu der demokratischen, kollektivistischen Nivellierung des Socialismus.

II.

DIE UNGLEICHHEIT DER MENSCHEN.

Der erste der im Namen des Darwinismus dem Socialismus gemachten Einwände ist völlig grundlos. Wenn es wahr wäre, dass der Socialismus die Gleichheit aller Menschen anstrebt, so könnte man mit vollstem Rechte behaupten, dass der Darwinismus ihn unwiderruflich abweisen muss. [1] Aber wenn auch heute viele, in gutem Glauben landläufige Phrasen nachsprechend, oder mala fide, in der Hitze der Polemik, den Socialismus für gleichbedeutend mit Gleichmacherei und Nivellierung halten, die Wahrheit ist, dass der wissenschaftliche, d. h. der von KARL MARX inspirierte und allein der Unterstützung oder Bekämpfung würdige Socialismus durchaus nicht die Ungleichheit der Menschen wie aller Organismen leugnet, sei sie nun angeboren oder erworben, körperlicher oder geistiger Natur.

Es ist wohl eine Erbschaft des jetzt überwundenen utopistischen Socialismus, dass auch heute noch von einigen Anhängern der Marxistischen Richtung Gleich-

---

[1] Huxley, ›On the natural inequality of men‹ (Nineteenth Century, Jan. 1890).

heitsideen besonders in Bezug auf die Stellung der
Geschlechter gehegt werden, die durchaus unhaltbar
sind. So wiederholt BEBEL in seinem bekannten
Buche über die Frau, dass dieselbe auch in psychologischer Beziehung dem Manne gleich wäre, und
versucht den wissenschaftlichen Nachweis der Ge-
schlechtsunterschiede zu widerlegen. [1] Nach den
naturwissenschaftlichen Untersuchungen von LOMBROSO
und FERRERO kann man aber nicht mehr bestreiten,
dass das Weib physiologisch und psychisch tiefer
steht als der Mann; ich habe dafür eine auch von
LOMBROSO acceptierte Erklärung im Darwinistischen
Sinne gegeben, nach der alle specifischen Merkmale
des Weibes eine Resultante der wichtigen Funktion
der Mutterschaft sind. Ein Wesen, das ein andres
schafft, nicht in flüchtiger Umarmung, sondern durch
die organischen und psychischen Opfer der Schwanger-
schaft, der Geburt, des Wochenbettes und des Säu-
gens, kann für sich selbst nicht ebenso viel Energie
behalten wie der Mann, dessen Rolle bei der Erhal-
tung der Art so viel unbedeutender ist.

Deshalb besitzt, von einzelnen Ausnahmen abgesehen, das Weib eine geringere Sensibilität, die es
ihm allein ermöglicht, immer wieder die ungeheuren
Opfer der Mutterschaft zu bringen. Deshalb hat das
Weib auch eine geringere Intelligenz, besonders ein
geringeres synthetisches Vermögen; wenn das Weib
selten genial ist, so liegt das daran, dass es geniale
Männer gebären muss. Daher kommt es, dass Frauen

---

[1] Vgl. Ziegler, l. c. p. 25—37.

von hochentwickelter Sensibilität und Intelligenz wenig
oder gar kein mütterliches Gefühl besitzen, und dass
viele Frauen ihre volle geistige Entwicklung erst nach
Ablauf der Epoche des Geschlechtslebens erreichen.

Wenn das Weib also unzweifelhaft zwischen dem
Kinde und dem entwickelten Manne steht, so sind
deshalb die socialistischen Forderungen in der Frauenfrage noch nicht verkehrt. Das Weib als mensch-
liches Wesen und als Schöpferin des Menschen
verdient eine höhere rechtliche und sittliche Stellung,
als es sie in der heutigen Gesellschaft einnimmt, in
der sie bald nur Lasttier, bald nur Luxusgegenstand
ist; ebenso müssen wir heute specielle Arbeits-
bedingungen für Frauen verlangen, unter Rücksicht
auf die besonderen körperlichen und geistigen Eigenschaften des Weibes, die unter dem heutigen wirtschaftlichen Individualismus in schwerer Feld- und
Fabrikarbeit verkümmern, während der Socialismus
ihnen eine volle Entwicklung auf dem Gebiete geistiger oder hygienisch geregelter körperlicher Arbeit
gewähren wird, wie sie allein der Würde der Mutterschaft entspricht. [1]

Der Socialismus denkt ebenso wenig an die Behauptung einer Gleichheit aller Menschen, wie etwa
daran, für eine Verfügung zu agitieren, dass die
Menschen von nun an sämtlich 1,70 m. gross sein

---

[1] Es ist hier besonders zu betonen, wie Ziegler in seiner Behandlung der Frauenfrage mit der Prätension auftritt, an dieser
Stelle mit Bebel's leichtfertigen Behauptungen zugleich den Socialismus widerlegt zu haben. — K.

sollen. Etwas ernster und schwerer widerlegbar ist der Socialismus doch.

Der Socialismus erklärt: *Die Menschen sind ungleich, aber sie sind Menschen.* D. h. wenn auch jedes menschliche Wesen infolge seiner Geburt und Entwicklung sich mehr oder weniger von den andern Individuen unterscheidet, da man in der ganzen Welt ebenso wenig zwei völlig gleiche Individuen, wie in einem Walde zwei völlig gleiche Blätter findet, so hat doch jeder Mensch als solcher ein Anrecht darauf, dass ihm eine menschliche Existenz gesichert wird und nicht die eines Lastticrs.

Auch wir Socialisten wissen, dass nicht alle Menschen dieselbe Arbeit thun können, heute nicht, wo die socialen Unterschiede die natürlichen Unterschiede steigern, aber auch nicht in einem socialistischen Staate, dessen Organisation auf eine Milderung der angeborenen Unterschiede ausgeht. Es wird immer Menschen geben, die durch ihr Gehirn und ihre Muskulatur mehr für eine wissenschaftliche und künstlerische Thätigkeit geeignet sind, und andre, die sich besser zu Feldarbeit, Handwerk oder mechanischer Feinarbeit eignen. Aber das, was in einem solchen Staate nicht sein sollte und nicht sein wird, ist, dass manche Menschen überhaupt nicht arbeiten und viele andre zu viel oder gegen zu geringen Lohn. [1]

Aber nicht nur das; der Gipfel der Ungerechtig-

---

[1] Vgl. Ziegler, l. c. p. 233, wo eine Karikatur des Socialismus gegeben und fast dasselbe, was hier Ferri sagt, als antisocialistisch verkündet wird.

keit und Absurdität ist, dass heute die nichtarbeiten-
den Individuen das grösste Einkommen haben, welches
ihnen durch das individuelle Monopol des im Erb-
gang aufgehäuften Reichtums gesichert wird. Dieser
Reichtum rührt in der Minorität der Fälle aus müh-
samem Ersparen und hartem Entbehren des Be-
sitzers oder eines arbeitsamen Vorfahren her, viel
häufiger ist er die seit Jahrhunderten angesammelte
Frucht kriegerischer Eroberungszüge, fürstlicher
Gunstbezeugungen oder skrupelloser Spekulationen;
er ist dann völlig unabhängig von jeder Mühe und
jeder social nützlichen Arbeit von seiten des Erben,
der ihn oft in einer der verschiedenen Formen mehr
oder weniger glänzend gefirnissten Müssiggangs schnell
verbringt. Und wo es sich nicht um ererbten Reichtum handelt, handelt es sich um defraudierten Reichtum. Ich meine damit nicht den von KARL MARX
nachgewiesenen wirtschaftlichen Mechanismus, kraft
dessen der Kapitalist oder Grundeigentümer normalerweise und ohne Betrug eine Rente bezieht,
ohne zu arbeiten, sondern die Thatsache, dass die am
schnellsten erworbenen Vermögen, die wir vor unsern
Augen wachsen sehen, kein Ertrag ehrlicher Arbeit
sind oder sein können. Ein wirklich ehrlicher Arbeiter, so unermüdlich und sparsam er auch ist, kann,
wenn er aus der Stellung des Lohnarbeiters zu der
eines Meisters oder Unternehmers aufsteigt, in einem
langen und entbehrungsreichen Leben höchstens
einige Tausend Mark ansammeln. Wer dagegen, ohne
Erfinder zu sein, in wenigen Jahren Millionen aufhäuft,
muss ein sehr skrupelloser Geschäftsmann gewesen

sein, von besonderen ausnahmsweisen Glücksfällen
abgesehen. Und diese Parvenüs, diese Parasiten der
Banken oder öffentlichen Unternehmungen, führen ein
Herrenleben, mit Orden behängt und mit Würden als
Lohn ihrer Geschicklichkeit geschmückt. Dagegen
erhalten die, welche arbeiten und die grosse Mehrheit bilden, als Lohn nur eine Nahrung, die sie gerade vor dem ärgsten Hunger schützt, und eine
Wohnung im Keller, unter dem Dache, in den
dumpfigen Spelunken grosser Städte oder in verfallenen Hütten auf dem Lande, die niemand dem
Vieh als Stall anweisen würde. [1] Dazu kommen die
verzweifelten Anstrengungen der unfreiwillig der Arbeitslosigkeit Verfallenen, welche zu den schmerz-
haftesten Symptomen der Gleichheit im Elend gehört,
wie sie sich heute im wirtschaftlichen Leben in Italien wie auswärts verbreitet. Hierher gehört das
ungeheure Heer der arbeitslosen Land- und Fabrik-
arbeiter, die stellenlosen Mitglieder des Kleinbürger-
tums, das Heer der durch Steuereintreibung oder
Wucher depossedierten Kleingrundbesitzer.

Es ist nicht wahr, dass der Socialismus eine
materielle positive Gleichheit von Arbeit und Genuss
für alle Bürger verlangt. Die Gleichheit soll sich
nur in soweit verwirklichen, als der Socialismus jeden
verpflichtet, für seinen Unterhalt zu arbeiten, und
jedem Individuum eine menschliche Existenz im Austausch für die der Gesellschaft geleistete Arbeit
sichern will. Die Gleichheit aller Menschen hat also,

---

[1] Vgl. »Die Not des vierten Standes« (Leipzig 1894). p. 86.

wie MALON [1] sagt, eine doppelte und relative Bedeutung, nämlich: 1. dass alle Menschen als solche die
Bedingungen einer menschlichen Existenz zugesichert
haben sollen — und 2. dass deshalb alle Menschen
gleich sein sollen an dem Ausgangspunkte des Kampfes
ums Dasein, sodass jeder seine Individualität unter
gleichen socialen Bedingungen entwickeln kann, während heute ein gesund und kräftig, aber arm geborenes
Kind in der Konkurrenz mit einem schwach, aber im
Reichtum geborenen Kinde unterliegen muss. Gerade
darin liegt die radikale, unendlich weittragende Umwandlung, welche der Socialismus nicht nur verlangt,
sondern auch als eine bereits begonnene, entwicklungs-
kräftige Bewegung nachweist. Diese Umwandlung vollzieht sich durch die Überführung des individuellen
Eigentums an den Produktionsmitteln, d. h. der natürlichen Grundlage des menschlichen Lebens (Grund und
Boden, Bergwerke, Fabriken, Maschinen, Werkzeuge,
Transportmittel, Häuser), in kollektives oder gesellschaftliches Eigentum, nach einer Methode und Verfahrungs-
weise, auf die ich weiter unten näher eingehen werde.

Es ist also nachgewiesen, dass der erste Einwand
des antisocialistischen Raisonnements nicht stichhaltig
ist, einfach weil er von einer falschen Voraussetzung
ausgeht, nämlich der, der moderne Socialismus behaupte eine chimärische Gleichheit aller Menschen in
physischer und moralischer Beziehung, woran aber
der wissenschaftliche und positive Socialismus auch
nicht im Traume denkt, vielmehr behauptet, dass

---

[1] »Le Socialisme intégral« (Paris 1892).

diese Ungleichheit der Menschen niemals ganz auf-
hören kann, aus Gründen, die der Darwinismus in
den tiefsten Gesetzen des Lebens, in der endlosen
Aufeinanderfolge der Arten und Individuen nachgewiesen hat. Freilich muss die Ungleichheit in einer
besseren socialen Ordnung erheblich abnehmen, weil
dann alle organischen und psychischen Defekte verschwinden müssen, welche das Elend entstehen und
von Generation zu Generation sich vererben und
vermehren lassen.

In jedem socialen System, mag man es sich denken, wie man will, wird es immer Menschen von
grosser und kleiner Statur, von geringen oder grossen
Kräften, von sanguinischem und zartem Temperament,
von viel oder wenig Verstand, wird es immer Muskel-
menschen und Hirnmenschen geben; das ist
nicht nur unvermeidlich, sondern auch sehr gut.
Es ist gut, weil aus der Mannigfaltigkeit und Ver-
schiedenartigkeit der individuellen Begabung sich
ganz von selbst jene Arbeitsteilung ergiebt, welche
der Darwinismus mit Recht als ein Gesetz des körperlichen wie des socialwirtschaftlichen Lebens bezeichnet.

Alle Menschen sollen durch und für die Arbeit
leben, aber jeder soll die Arbeit thun, die seinen
Fähigkeiten am Besten entspricht, um eine nach-
teilige Kraftvergeudung zu vermeiden und die Arbeit
nicht widerwärtig, sondern lieb und unentbehrlich
zu machen, als die Bedingung physischer und moralischer Gesundheit.

Wenn die Menschen der Gesellschaft die ihren angeborenen und erworbenen Fähigkeiten entsprechendste

Arbeit leisten, haben sie sich alle in gleichem
Masse verdient gemacht, weil sie in gleichem Masse
mitwirken an jener Solidarität der Arbeit, von der
das Leben der Gemeinschaft und damit das des
Individuums abhängt. [1]

Der Bauer, der den Boden umgräbt, leistet eine
anscheinend bescheidene Arbeit, die aber ebenso
notwendig, nützlich und verdienstlich ist, wie die des
Monteurs, der eine Lokomotive herstellt, die des In-
genieurs, der an ihrer Vervollkommnung arbeitet, oder
die des Gelehrten, der im Studierzimmer oder Laboratorium mit dem Unbekannten ringt.

Das Wesentliche ist, dass alle Mitglieder der Gesellschaft arbeiten, wie im einzelnen Organismus alle
Elementarorganismen (die Zellen) ihre besonderen
Funktionen erfüllen müssen, die mehr oder weniger
bescheiden erscheinen mögen, wie die der Knochen-
zellen gegenüber den Ganglien- oder Muskelelemen-
ten, deren Leben und Leistung für eine normale
Funktion des Organismus aber gleich unentbehrlich sind.
Und wie in einem Organismus keine Zelle ohne zu
arbeiten leben kann, weil sie genau in demselben Masse,
in dem sie arbeitet, auch Nährstoffe an sich zieht, so
darf auch im socialen Organismus kein Individuum
leben, ohne zu arbeiten, gleichviel was es arbeitet.

Von diesem Gesichtspunkte aus lösen sich viele
der künstlichen Schwierigkeiten, welche nach der
Meinung der Gegner der Verwirklichung des Socialismus entgegenstehen.

---

[1] Ferri verlangt hier fast wörtlich als Socialist dasselbe, was
Ziegler p. 238 dem Socialismus entgegenstellt.

So fragt EUGEN RICHTER: Wer wird im Zukunftsstaat die Stiefel putzen? Er thut diese Fragen in
demselben schwammigen Buche, in dem er so grotesk
wird, zu vermuten, dass der Grosskanzler des socialen
Zukunftsstaates zu Ehren der socialen Gleichheit alle
Morgen vor Antritt der Geschäfte eigenhändig die Stiefel
• wichsen und die Kleider bürsten wird. Wenn die
Gegner des Socialismus keine besseren Einwände
hätten, so wäre jede weitere Diskussion überflüssig.

Mit anscheinend grösserem Rechte sagt man, alle
würden diejenigen Arbeiten thun wollen, die am
wenigsten anstrengen und am meisten vergnügen.
Es lässt sich darauf erwidern, dass dies ebenso wenig
zu erwarten ist, wie die Befolgung einer Verordnung,
wonach in Zukunft alle Menschen entweder als Maler
oder als Chirurgen geboren werden sollen.

Gerade die normalen Varietäten des Temperaments
und Charakters werden für sich allein ohne pedantische
Reglements (wie sie beiläufig als ein weiterer Nach-
teil des Socialismus bezeichnet werden) zu einer Ver-
teilung der verschiedenen intellektuellen und manuellen
Arbeiten führen. Man versuche einmal, einen Bauern
mittleren Schlages zum Studium der Anatomie oder
des Strafrechts einzuladen, oder umgekehrt einen
Menschen mit mehr Gehirn- als Muskelentwicklung
zur Erdarbeit zu veranlassen anstatt zum Mikro-
skopieren, und beide werden lieber bei der Arbeit
bleiben, zu der sie eine Anlage in sich fühlen.

Der Stellenwechsel in den verschiedenen Berufsarten und Betrieben würde durchaus nicht so gross
sein, wie viele sich vorstellen, wenn die Gesellschaft

in eine kollektivistische Form übergeführt würde.
Abgesehen von den einem rein persönlichen Luxus-
bedürfnisse dienenden Industrieen, die angesichts
des Elends so oft etwas Provozierendes haben, wird
sich in einem solchen Falle die Arbeitsteilung allmählich und natürlich der socialistischen Civilisation
anpassen, wie sie heute der bürgerlichen Civilisation •
entspricht. Ja, unter einem socialistischen Regime
wird jeder frei die eigenen Fähigkeiten zeigen und
entwickeln können, und es wird nicht mehr wie heute
sein, dass aus Mangel an Geldmitteln viele Kinder
von Bauern, Arbeitern und Kleinbürgern einer Atrophie
ihrer natürlichen Begabung verfallen und auf dem
Felde, in Fabriken, in Bureaux arbeiten müssen,
während sie der Gesellschaft eine andere, frucht-
barere Arbeit, entsprechend ihrer besondern Begabung,
hätten geben können.

Das Wesentliche der socialistischen Forderungen
besteht einzig darin, dass der Landarbeiter, der Hand-
werker und der geistig thätige Berufsarbeiter von der
Gesellschaft, der sie ihre Arbeit geben, eine menschenwürdige Lebenslage garantiert erhalten.

Dann werden auch so skandalöse und unwürdige
Dinge nicht mehr vorkommen, wie z. B. dass eine
Tänzerin nur mit Sprüngen an einem Abend so viel
verdient, wie ein Arzt oder ein Gelehrter nicht in
einem ganzen Jahre, auch wenn er nicht geradezu
das Elend im schwarzen Rocke personifiziert.

Die Kunst wird unter einer socialistischen Gesellschaftsordnung sicher bestehen bleiben, weil der
Socialismus dafür eintreten will, dass das Leben für

alle angenehm ist und nicht nur für ein paar Privilegierte; er wird deshalb allen Künsten einen grossen,
wunderbaren Aufschwung geben, indem er den Luxus
der Einzelexistenz ersetzt durch den Glanz öffentlicher Gebäude und Zusammenkünfte.

Erst der Socialismus wird die jedem im Verhältnis
zur wirklich geleisteten Arbeit gebührende Gegen-
leistung unter Achtung für gerechte Abmessung fest-
setzen. Eine genau verteilende Gerechtigkeit wird
sich auch darin äussern, dass die Arbeitszeit im Verhältnis zur Mühseligkeit und Gefahr der Arbeit be-
messen wird; denn wenn ein Landarbeiter unter
freiem Himmel acht Stunden arbeiten kann, wird ein
Bergmann nur eine drei- oder vierstündige Arbeit
zu leisten haben. Wenn einmal alle Menschen arbeiten werden und alle improduktive Arbeit wegfällt,
wird nicht nur der auf den einzelnen fallende Anteil
der erforderlichen Gesamtarbeit geringer und leichter
zu ertragen sein (schon infolge besserer Nahrung
und Wohnung und der Sicherheit der Existenz) als
die Arbeit der heute so ungenügend gelohnten Menge,
sondern es werden auch die Fortschritte der auf die
Technik angewandten Wissenschaft die menschliche
Arbeit immer weniger mühsam machen. Dann wird
auch die Arbeit freiwillig von jedem Menschen ge-
sucht werden, trotzdem es weder Lohn noch Gehalt mehr giebt, die als privater Reichtum anzu-
sammeln wären; denn wie der normale, gesunde und
gut genährte Mensch eine übermässig anstrengende und
ungenügend gelohnte Arbeit scheut, ebenso scheut er
den Müssiggang, da er in Leib und Seele das Be-

dürfnis nach einer täglichen, regelmässigen, seinen
Fähigkeiten zusagenden Beschäftigung fühlt. Dies
Bedürfnis empfinden ja auch die müssigen Mitglieder
der privilegierten Klassen, die der Langeweile und
den Nachteilen des Nichtsthuns dadurch zu ent-
gehen suchen, dass sie in den verschiedenen, oft
ziemlich anstrengenden Formen des Sports sich einen
Ersatz für produktive Thätigkeit schaffen.

Die Schwierigkeit des Problems liegt in der Abmessung des jedem Individuum zuzuweisenden Arbeits-
ertrages; bekanntlich hat der Kollektivismus dafür die
Formel aufgestellt: *Jedem nach der geleisteten Arbeit*
— der Kommunismus dagegen eine andere: *Jedem
nach seinem Bedürfnis.* [1] Niemand ist im stande a
priori zu sagen, wie diese Frage in ihren praktischen
Einzelheiten gelöst werden wird; daraus, dass das heute
nicht möglich ist, darf man für die Socialisten nicht
den Vorwurf des phantastischen Utopismus herleiten.
Es giebt keine Kulturperiode, an deren Morgenröte
es möglich gewesen wäre, die Reihenfolge und die Beschaffenheit ihrer Entwicklungsstufen vorauszusagen.

Dagegen gestattet uns eine unanfechtbare induktive
Erwägung der sociologischen und psychologischen
Thatsachen folgendes zu sagen: Unleugbar be-
zeichnet, wie auch MARX anerkannt hat, die zweite,
kommunistische Formel ein letztes, transcendentes
Ideal, wie es von manchen als Ziel des theoretischen

---

[1] Gothaer Programm: »Jedem nach seinen vernunftgemässen
Bedürfnissen«. St. Simon: »Chacun doit être classé selon sa capacité
et retribué selon ses oeuvres«. — K.

Anarchismus, im Gegensatze zum Šocialismus, betrachtet wird. Unleugbar aber stellt auch die kollektivistische Formel eine Stufe der gesellschaftlichen
Entwicklung und individuellen Einordnung dar, die
dem Kommunismus notwendigerweise vorausgehen
muss. [1]

Man muss nicht glauben, dass die Menschheit in
und mit dem Socialismus schon jedes erreichbare
Ideal voll besitzen, dass ihr nichts mehr zu erringen
und zu wünschen übrig bleiben wird; unsere Nachkommen wären ja zu Stillstand und Müssiggang verurteilt, wenn wir jedes Ideal der Menschheit erreicht
zu haben glauben. Das Individuum und die Gesellschaft, die für kein Ideal mehr zu kämpfen haben,
sind tot oder dem Tode geweiht. Die Forderung
des Kommunismus mag also das in ferner Zukunft
zu erringende Ideal sein, wenn einmal der Kollektivismus seine völlige Ausgestaltung gefunden hat in
historischen Vorgängen, deren Erörterung ich mich
unten zuwenden werde.

Die Behauptung eines angeblich zwischen Darwinismus und Socialismus in der Frage nach der

---

[1] Das Spencer in der Ferne vorschwebende Ideal eines Individualismus, in dem der einzelne ohne äussere Kontrolle, aus blossem
inneren Antriebe zum Guten handelt, könnte sich nur nach dem Durch-
gange durch einen kollektivistischen Zustand verwirklichen, in welchem
die individuellen Triebe und Kräfte der Disziplin einer solidarischen Gemeinschaft unterliegen und erst nach Beseitigung des heutigen anarchi-
schen Individualismus, unter dem jeder, der das Strafgesetz zu um-
gehen weiss, ohne Rücksicht auf seine Mitmenschen thut, was ihm
beliebt. (»Data of Ethics«, p. 128, 275.)

Gleichheit aller˜ Menschen bestehenden Gegensatzes ist nun widerlegt, denn der Socialismus behauptet dieselbe in keiner Weise, er will vielmehr die Ungleichheit im Darwinistischen Sinne für die Reform des individuellen und socialen Lebens verwerten. Damit ist auch eine Antwort gegeben auf den dem Socialismus immer wieder gemachten Vorwurf, dass er unter dem bleiernen Gewichte der Gemeinschaft alle Persönlichkeit erdrücken und ersticken wolle, dass das Individuum durch ihn zu der Rolle einer Arbeitsbiene im socialen Bienenstocke erniedrigt werden solle. Das gerade Gegenteil ist richtig. Eine Verkümmerung und Vernichtung zahlreicher Individualitäten, deren Emportauchen aus dem Dunkel ihnen und der Gesellschaft den grössten Vorteil hätte bringen können, gehört vielmehr zu den häufigsten Leistungen der heutigen bürgerlichen Gesellschaft, in der, von ganz hervorragenden und ausgeprägten Persönlichkeiten abgesehen, jeder durch das gilt, was er hat, nicht durch das, was er ist. Wer in Armut zur Welt kommt, wofür er doch nichts kann, mag von der Natur künstlerisches oder wissenschaftliches Genie zum Erbteil bekommen haben, aber ohne ein Vermögen, das ihn zur Bestehung der ersten Schlachten des Daseinskampfes und zur Erwerbung einer höheren Ausbildung befähigt, oder ohne einen Glücksfall, wie der, welcher den Hirtenknaben GIOTTO mit CIMABUE zusammenführte, wird sein Licht erlöschen und er selbst zu einer blossen Nummer in den Scharen der Lohnsklaverei werden, der Gesellschaft aber geht ein Schatz geistiger Güter verloren. Wer dagegen —

was doch nicht sein persönliches Verdienst ist — reich zur Welt kommt, kann mikrocephal oder imbecill sein, er kommt doch sicher vorne an auf der Bühne der Komödie des Lebens, alle Lakaien werden ihn bewundern und verhätscheln, und er wird nur, weil er etwas hat, glauben, einer zu sein, der etwas ist.

Unter dem Regime des Kollektiveigentums dagegen, d. h. unter dem Socialismus, der jedem Individuum die eigene Existenz sichert, wird die Arbeit des Tages nur dazu dienen, die besonderen mehr oder weniger glänzenden Gaben des Individuums zur Geltung zu bringen, und die besten und fruchtbarsten Jahre des Lebens werden nicht, wie heute, verdorben werden in dem verzweifelten, krampfhaften und erniedrigenden Ringen um das tägliche Brot. Der Socialismus wird jedem mit der Sicherheit einer menschenwürdigen Existenz die Freiheit zur Entwicklung und Ausbildung der körperlichen und geistigen Persönlichkeit gewähren, die er von der in unerschöpflicher Mannigfaltigkeit und immer neuer Gestaltungskraft waltenden Natur mit auf die Welt bekommen hat; wie sie nichts von Monotonie und Gleichheit weiss, so will auch der Socialismus nichts davon wissen, er will vielmehr die natürliche Ungleichheit leiten und verwerten zu einer freieren und fruchtbareren Entwicklung des menschlichen Lebens.

III.

DIE OPFER DES KAMPFES UMS DASEIN.

Man hat einen weiteren Gegensatz zwischen Socialismus und Darwinismus darin finden wollen, dass
der Darwinismus zeige, wie die ungeheure Mehrzahl
aller zur Welt gekommenen Individuen — Menschen,
Tiere und Pflanzen — zu unterliegen bestimmt ist, weil
der *Kampf ums Dasein* nur von einer kleinen
Minderzahl siegreich bestanden wird, während der
Socialismus behaupte, dass alle diesen Kampf be-
ständen, ohne dass ein einziger zu unterliegen
brauche. [1] Darauf ist zunächst zu erwidern, dass
das zahlenmässige Verhältnis der Opfer zu den
Siegern im Daseinskampfe immer günstiger wird, je
höher eine Art in der Reihe der Lebewesen steht.
Dieses Gesetz einer Abnahme des Missverhältnisses
zwischen ›Berufenen‹ und ›Auserwählten‹ gilt auch
für verschiedene Arten innerhalb derselben natürlichen Ordnung. So produzieren alle Pflanzen all-
jährlich eine ungeheure Menge von Samen, aus der

---

[1] S. Ziegler, op. cit., p. 151, 159.

nur wenige Individuen zur Entwicklung kommen; in
der Tierwelt ist die Zahl der reproduzierten Individuen geringer, die Zahl der überlebenden unter ihnen
dagegen relativ sehr gross; schliesslich ist beim
Menschengeschlecht die Zahl von Nachkommen, die
der einzelne erzeugen kann, sehr gering, die Propor-
tion der Überlebenden zur Zahl der Erzeugten dagegen sehr beträchtlich. Dazu kommt ferner, dass
in der ganzen organischen Welt die tiefst stehenden,
am einfachsten organisierten Rassen die grösste Re-
produktionsfähigkeit besitzen, aber die geringste
Widerstandsfähigkeit. Ein Pilz produziert Millionen
von Sporen und hat eine sehr geringe Lebensdauer,
während ein Palmbaum alle Jahre nur wenige Dutzend
Samen hervorbringt, aber ein Jahrhundert alt wird.
Ein Fisch produziert viele Tausend Eier, während
der Elephant oder der Chimpanse nur eine geringe
Nachkommenschaft geben, aber ein hohes Alter erreichen.

Beim Menschengeschlechte besitzen die Natur-
völker eine grosse Fruchtbarkeit, sind aber kurzlebig,
während die Kulturvölker eine geringe Geburtsziffer
besitzen, aber langlebig sind.

Auch auf dem rein biologischen Gebiete ergiebt
sich also, dass die relative Zahl derer, die den Daseinskampf bestehen, beständig zunimmt, je höher
eine Art in der organischen Reihe oder innerhalb
ihrer Gattung steht.

Das eherne Gesetz des Kampfes ums Dasein
bedingt also eine um so beträchtlichere Einschränkung der Hekatombe, die ihm zum Opfer fällt, je

höher die Organisation sich entwickelt und vervoll-
kommnet. [1]

Es wäre also ein Irrtum, wenn man dem Socialismus ohne weiteres das Gesetz der natürlichen
Auslese — den Angelpunkt der Darwinschen Theorie
— wie es unter den niedrig organisierten Lebewesen
gilt, entgegenhalten wollte, ohne an die fortschreitende
Milderung seiner Wirkung zu denken, wie sie uns
auf höheren Stufen der Organisation entgegentritt,
auch innerhalb der verschiedenen Menschenrassen.
Gerade weil der Socialismus eine höhere Stufe der
Menschheitsentwicklung darstellt, gilt ihm gegenüber, der eine weitere Milderung der Selektion
herbeiführen wird, nicht eine so grobe und flache
Interpretation der Selektionstheorie.

Diese Theorie und besonders ein brutales Zerrbild
derselben ist von den Gegnern des Socialismus miss-
braucht worden zur Begründung der individualistischen
Forderung unbeschränkter Konkurrenz,[2] die oft nichts
anderes ist als eine civilisierte Form der Anthro-
pophagie und die HOBBES' Satz *homo homini lupus* als
Fundament der jetzigen socialen Lage betrachtet —
einen Satz, den HOBBES selbst zur Kennzeichnung des
von ihm vorausgesetzten Urzustandes der Menschen,
vor Eingehen des Gesellschaftsvertrages, gebrauchte.
Aber wenn ein wissenschaftliches Princip gemiss-
braucht wird, ist das noch kein Beweis gegen seine

---

[1] Ziegler hat diese Thatsachen völlig übersehen oder ver-
schwiegen; s. op. cit., p. 177 ff.

[2] S. Ziegler, op. cit., p. 157 ff.

Richtigkeit, vielmehr soll der Missbrauch dazu an-
spornen, seinen Inhalt, die Grenzen seiner Giltigkeit
und das Gebiet seiner praktischen Anwendung genauer
festzustellen; das habe ich hier in aller Kürze durch
den Nachweis der völligen Harmonie zwischen Socialismus und Darwinismus versucht.

Ich habe schon in meinem Buche über Socialismus und Verbrechen [1] darauf hingewiesen, dass der
Kampf ums Dasein ein dem Leben der Menschheit
immanentes Gesetz ist, dass aber die Art seiner
Wirkung sich beständig ändert und milder wird. Ich
denke auch heute noch so, im Gegensatz zu manchen
Socialisten, welche Einwände der Darwinisten dadurch zu entkräften versuchten, dass sie die Anwendbarkeit und Wirksamkeit der Darwinschen
Auslese in der menschlichen Gesellschaft unter der
Herrschaft der vom Socialismus erstrebten Zustände
bestritten. [2]

---

[1] »Socialismo e Criminalità«, 1884, p. 179 ff.

[2] S. hierüber Lanessan, »La lutte pour l'existence (Paris
1881); Loria, »Discorso su Carlo Darwin« (Siena 1882). — Colajanni, »Lo Socialismo« (Catania 1884), p. 85, hat zugegeben, dass
meine damaligen Lehren socialistischer wären, als die mancher an-
erkannten und verfolgten Socialisten. Mein oben citiertes Buch
wandte sich gegen den Socialismus nur in seiner damaligen revolutionären Methode und nebelhaften Romantik. Seitdem bin ich,
anfangs fast widerstrebend, von Jahr zu Jahr tiefer in socialistische
Sympathien und Gedanken hineingekommen, dank den Arbeiten
Turati's und Prampolini's, besonders aber dank den in ihrer Form
trockenen, ihrem Inhalt nach aber unwiderstehlichen und höchst
genialen Arbeiten von Karl Marx. Ihre wissenschaftliche Vollendung hat meine socialistische Ueberzeugung gefunden durch das

Wie sollte denn auch ein Gesetz, das die ganze Lebewelt, von der Bakterie bis zum höchsten Säugetier, unbedingt beherrscht, kraftlos vor dem Menschen zu Boden fallen, der doch nur ein in die unendliche Kette des Lebens unlösbar eingefügter Ring ist. Ich war und bin der Überzeugung, dass der Kampf ums Dasein ein unzertrennliches Element des Lebens und damit auch der menschlichen Entwicklung ist, dass aber dieses Gesetz trotz seiner Beständigkeit allmählich seinen Inhalt ändert und eine mildere Form annimmt.

In primitiven Zuständen ist der Daseinskampf unter Menschen kaum verschieden von dem unter den übrigen Lebewesen. Er ist der brutale Kampf um die tägliche Nahrung und den Besitz des Weibes, da Hunger und Liebe den Bau der Welt zusammenhalten, und wird fast allein mit kräftigen Muskeln ausgefochten. Später gesellt sich der Kampf um das politische Übergewicht hinzu (in Klasse, Stamm, Dorf, Gemeinde, Staat u. s. w.), und dabei kommt neben der Muskulatur immer mehr das Gehirn zur Geltung. In der historischen Zeit kommt in der griechisch-lateinischen Welt der Kampf um die bürgerliche Gleichheit dazu;

Studium der Schriften Loria's, die durchaus auf dem Boden der Marx'schen Theorieen stehen, welche Loria durch seine bewunderungswürdige allseitige Gelehrsamkeit befruchtet hat. Dass meine politische Thätigkeit socialistischen Gedanken nicht fremd gewesen ist, ergiebt sich schon daraus, dass ich als Parlamentarier stets die sociale Frage als das eigentliche und einzige Problem unsrer Zeit bezeichnet habe. Aus der sociologischen Phase meiner Entwicklung, die ein notwendiges Durchgangsstadium war, bin ich nun zu der fruchtbaren Phase des unbedingten Socialismus gelangt.

sie wird errungen, aber der Kampf ruht nicht, denn leben
heisst kämpfen; die mittelalterliche Welt kämpft dann
für die religiöse Gleichheit, die sie erringt, ohne nun
stehen zu bleiben. Das 18. Jahrhundert beginnt den
Kampf um die politische Gleichheit. Aber auch die
Erkämpfung dieses Preises bringt nicht Ruhe und
Stillstand für die Menschheit; jetzt kämpft sie für
die wirtschaftliche Gleichheit, nicht im Sinne einer
materiellen Gleichheit und absoluten Unterschieds-
losigkeit, sondern in dem Sinne, den ich eben erläutert habe; alle Zeichen weisen für den, der sie
verstehen will, mit unbedingter Gewissheit darauf hin,
dass auch dieser Kampf zum Siege führen wird und
dass an seine Stelle neue Aufgaben treten werden,
für die, die nach uns kommen.

Der allmählichen Veränderung des Ziels und der
Ideale dieser Kämpfe entspricht eine beständige
Milderung der Kampfesweise, die — anfangs brutal und
rein körperlich — immer schonender und geistiger
wird, trotz mancher atavistischen Rückfälle oder
krankhaften Äusserungen in Gewaltthaten einzelner
gegen die Gesellschaft und Unterdrückung einzelner
durch die Gesellschaft.

Ich werde in einer neuen Auflage meiner Arbeit
über Socialismus und Kriminalität auf diese meine
Auffassung der natürlichen Auslese zurückkommen. [1]
Für den Augenblick begnüge ich mich mit dem

---

[1] In geistreicher Weise ist eine der meinigen ähnliche Auffassung neuerdings in einem Werke Nowikow's entwickelt worden;
nur hat Nowikow ganz die geschlechtliche Zuchtwahl vergessen.
(Nowikow, »La Lutte entre sociétés humaines« [Paris 1891].)

Hinweise auf die allmähliche Modifikation und Milderung des zur Auslese führenden Kampfes.

Der Socialismus kann also, ohne jeden Verstoss
gegen das Darwinsche Gesetz von dem Triumphe
der Bestangepassten im Konkurrenzkampfe, ver-
sichern, dass allen Menschen die Bedingungen einer
menschlichen Existenz garantiert werden müssen,
denn jenes Gesetz findet eine besondere Anwendung
und Deutung, wenn seine Wirkung auf vorgeschrittenen Stufen der menschlichen Entwicklung in Frage
kommt, zum Unterschiede von seiner Gestaltung in
primitiven oder vormenschlichen Stadien. Ja, eine
wissenschaftliche Vertiefung des Socialismus zeigt,
dass er nicht ausschliesst und nicht ausschliessen
kann, dass es im Daseinskampfe auch Überwundene
giebt. Diese Thatsache ist von hoher Bedeutung für
die Beziehungen zwischen Verbrechertum und socialer
Organisation; diejenigen Socialisten, die das Gesetz
des Daseinskampfes für die Menschheit nicht unbedingt gelten lassen wollen, behaupten folgerichtig,
dass das Verbrechen (eine abnorme und antisociale
Form des Kampfes, dessen normale und sociale Form
die Arbeit ist) einmal ganz aus der Welt verschwinden wird; sie halten deshalb den Socialismus und
die Lehren der kriminellen Anthropologie für unver-
vereinbar; diese Lehre vom *geborenen Verbrecher* selbst
ist aber nur eine Anwendung und Fortführung des
Darwinismus. [1]   Ich muss mir vorbehalten, diese

---

[1] Leider muss ich konstatieren, dass auch Loria sich in dieser
Frage hat irreführen lassen, indem er auf Grund oberflächlicher

Frage an anderer Stelle ausführlich zu behandeln; inzwischen will ich meine Anschauungen über dieses Problem als Kriminalanthropolog und zugleich Socialist hier kurz zusammenfassen.

Die positive Strafrechtslehre hat es vor allem mit dem heutigen Leben zu thun und hier hat sie sich unleugbar verdient gemacht durch Anwendung naturwissenschaftlicher Methoden auf die Erscheinung des Verbrechertums, mit denen sie die Absurdität und Heuchelei der heutigen Strafrechtssysteme nachweist, die sich auf den Begriffen der Schuld und der Willensfreiheit aufbauen und praktisch in den Zellengefängnissen gipfeln, die ich zu den Monstruositäten des neunzehnten Jahrhunderts zähle; an die Stelle dieser verfehlten Methode will die positive Schule die einfache Isolierung der infolge angeborener oder erworbener, vorübergehender oder anhaltender Anomalieen antisocial gewordenen Individuen setzen.

Wenn man nun glaubt, dass in einer socialistischen Gesellschaft alle und jede Form von Verbrechen verschwinden wird, so ist das eine einem sentimentalen Optimismus entspringende Annahme, nicht das Ergebnis einer strengwissenschaftlichen Untersuchung. Die positive kriminalistische Schule zeigt, dass das Verbrechen ein natürliches sociales Phänomen ist, wie der Selbstmord und die Geistesstörungen, das ursächlich bedingt ist durch das Zu-

---

Betrachtung einen Gegensatz beider Lehren in seinen »Bases économiques de la constitution sociale« behauptet. Lombroso hat ihm darin durchaus widerlegt (»Archivio di Psichiatria e Scienze Penali«, 1894, XIV, Heft 6).

sammenwirken einer abnormen körperlichen und
geistigen Veranlagung mit abnormen Verhältnissen
des natürlichen und des socialen Milieus. Physische,
anthropologische und sociale Faktoren wirken stets
untrennbar mit- und nebeneinander bei der Deter-
minierung eines jeden Verbrechens, vom leichtesten
bis zum schwersten, ganz wie bei jeder anderen
Handlung eines Menschen; nur in dem Masse
der Wirkung der einzelnen ursächlichen Kategorieen
auf jeden Verbrecher und jedes Verbrechen giebt es
Unterschiede. [1]

So ist bei einem durch Eifersucht oder durch
eine Sinnestäuschung motivierten Morde die stärkste
Wirkung durch den individuellen, anthropologischen
Faktor gegeben, ohne dass deshalb die Bedeutung
des natürlichen und socialen Milieus ganz auszuschliessen
wäre. Bei Verbrechen gegen das Eigentum dagegen
oder auch bei Vergehen gegen die Person von seiten
aufrührerischer Massen oder Trunksüchtiger ist der
stärkere Faktor der sociale, ohne dass deshalb

---

[1] Vgl. meine »Sociologia Criminale«, III. Ed. (Turin 1892),
Cap. 1 u. 2. Fornasari di Verce hat neuerdings diese Anschauung
in einer Untersuchung über die Kriminalität und die wirtschaftlichen Zustände bestätigt. Lombroso sagt in seiner Vorrede zu
diesem Buche: »Ich will die Wahrheit der socialistischen Gedanken
nicht leugnen, die das Schicksal Europas zu ändern bestimmt sind
und die zu Ehren ihrer Sache die gesamte Kriminalität aus
wirtschaftlichen Faktoren herleiten wollen; ich sympathisiere
mit dieser Theorie, ohne ihre Irrtümer teilen zu können oder zu
wollen; bei allem Enthusiasmus für dieselbe kann ich ihr zu Ehren
doch nicht die Wahrheit verleugnen. Einen solchen zwecklosen
Servilismus überlasse ich den Doktrinären und den Orthodoxen«.

physische und anthropologische Faktoren ganz aus
dem Spiele blieben.

Dieselben Erwägungen sind — um die im Namen
des Darwinismus erhobenen Einwände gegen den
Socialismus weiter zu erörtern — bezüglich der
Volkskrankheiten anzustellen, zu denen übrigens auch
eine so ausgesucht pathologische Erscheinung wie
das Verbrechen zu zählen ist.

Jede Krankheit, mag sie akut oder chronisch,
ansteckend oder nicht ansteckend sein, ist das Ergebnis eines anthropologischen Faktors, der Veranlagung des Individuums und der Einflüsse des physischen und socialen Milieus; die Tragweite dieser
einzelnen Faktoren ist bei jeder einzelnen Krankheit
eine andere; Lungenschwindsucht oder Herzfehler
sind z. B. Krankheiten, die zumeist von der besonderen
körperlichen Veranlagung abhängen, aber unter Mitwirkung äusserer Faktoren; dagegen hängen Cholera,
Typhus, Malaria oder Pellagra vor allem von der
physichen und socialen Beschaffenheit der Umgebung
ab. Deshalb verfallen der Schwindsucht auch wohl-
habende, gut genährte, in gesunden Wohnungen
lebende Personen, während Pellagra und Cholera
ihre Opfer meist aus einem elenden, armseligen Milieu
fortraffen.

Es ist klar, dass, wenn ein socialistisches Regime
durch das Kollektiveigentum jedem Menschen eine
menschenwürdige Existenz sichert, diejenigen Krankheiten bedeutend abnehmen und vielleicht verschwinden
werden, die einem ungesunden Milieu, ungenügender
Ernährung und daraus entspringender Intoxikation

entspringen, zumal bei weiterem Fortschritt der hygie-
nischen Wissenschaft und Technik; dagegen wird
keine sociale Reform Krankheiten infolge von Ver-
letzungen, Geistesstörungen und Lungenentzündungen
u. Ä. aus der Welt schaffen.

Ähnliches gilt von den Verbrechen; wenn das
Elend und die ungerechten Verschiedenheiten der
wirtschaftlichen Lage verschwunden sind, so werden
sicher durch den Ausfall der von chronischem und
akutem Hunger gegebenen Antriebe, durch den in-
direkten wohlthätigen Einfluss einer besseren Ernährung
auf Leib und Seele und durch die Unmöglichkeit
des Missbrauchs der Gewalt und des Reichtums die
(vorwiegend als Gelegenheitsverbrechen aufzufassenden)
Strafthaten bis zum Verschwinden abnehmen, welche
heute in erster Linie durch die socialen Verhältnisse
hervorgerufen werden. Was aber nicht verschwinden
wird, das sind Thaten wie Sittlichkeitsverbrechen
infolge geschlechtlicher Perversion, Mordthaten Epilep-
tischer, Diebstähle von seiten psychopathisch Dege-
nerierter u. s. w. In gleicher Weise wird zwar der
Socialismus infolge einer ausgedehnteren und gründ-
licheren Volksbildung die Analphabeten zum Verschwinden bringen und jedes Talent wird sich frei
entwickeln und bethätigen können, aber eine Vererbung krankhafter Anlagen wird auch in dem
socialistischen Regime Idioten und Schwachsinnige
hervorbringen; andererseits werden allerdings die angeborenen Entartungsformen (Konstitutionelle Schwäche,
Neurosen, Psychosen, Verbrechernaturen) einen günsti-
gen Einfluss erfahren durch die vorbeugende und

mildernde Wirkung einer besseren socialen und
wirtschaftlichen Ordnung und unter dem gleichzeitigen
Einflusse der immer tiefer eindringenden biologischen
Forschung, welche die Vererbung der Krankheiten
auf dem Wege der Zeugung zu verhindern wissen
wird.

Das will also sagen, dass auch unter einem
socialistischen Regime, wenn auch in viel geringerer
Menge, immer im Kampfe ums Dasein Besiegte in
Gestalt von Schwachen, Kranken, Geistes- und Nerven-
kranken, Verbrechern und Selbstmördern existieren
werden und dass somit der Socialismus das Gesetz
des Kampfes ums Dasein und seine Folgen nicht
leugnen will und kann. Aber er wird den ungeheuren
Vorteil mit sich führen, durch die Beseitigung des
physischen und moralischen Elends der Massen viele
Quellen der epidemischen und endemischen Formen
physischer und moralischer Entartung zu verschliessen.
Auch dann noch wird der Kampf ums Dasein die
beständige Triebkraft des socialen Lebens bleiben,
aber er wird immer weniger brutale, mehr vergeistigte
und humane Formen annehmen und seine Ziele
werden immer höhere Ideale sein auf der Grundlage körperlicher und geistiger Vollentwicklung eines
Geschlechts, dem in allen seinen Gliedern das tägliche Brot für Körper und Geist gesichert ist.

Bei dieser Erörterung des Kampfes ums Dasein
darf ein anderes Gesetz der natürlichen und
socialen Entwicklung im Sinne DARWIN's nicht vergessen werden, das einerseits viele Socialisten einseitig übertrieben haben, das aber auch andererseits

3*

von vielen Individualisten allzu sehr vergessen worden
ist; ich meine das Gesetz der Solidarität der Individuen
gleicher Art, z. B. der gesellig lebenden Wieder-
käuer, und ferner das der Solidarität verschiedener
Arten in der Form der sogenannten Symbiose.

Es ist eine Übertreibung, wenn man behauptet,
dass in der Natur und in der Gesellschaft einzig und
allein das Gesetz des Kampfes walte, wie es eine
Übertreibung ist, wenn man seine Geltung in der
Menschenwelt vollständig bestreiten will. Die ganze
Wahrheit ist, dass auch für die Menschheit ewig das
Gesetz des Kampfes ums Dasein mit immer huma-
neren Mitteln und für immer höhere Ideale gilt, aber
neben und über diesem Gesetze steht als wirksamste
Triebkraft der socialen Entwicklung das Gesetz der
Solidarität und gemeinsamen Arbeit der Einzelnen.

Schon in den Tiergesellschaften zeigt sich eine
wechselseitige Hilfe im Kampfe mit feindlichen Arten
oder Naturereignissen, die sich in der Menschheit,
schon von den primitivsten Zuständen an, höher entwickelt, besonders wo Sicherheit und Fülle der Nahrung und andere günstige Existenzbedingungen den
friedlichen industriellen Typus entstehen lassen. Der
Kriegertypus herrscht hingegen unter primitiven Verhältnissen, infolge unsicherer und karger Existenzbedingungen und bei halbcivilisierten oder verfallen-
den Völkern vor und strebt übrigens auch, wie
SPENCER gezeigt hat, beständig in den industriellen Typus überzugehen.[1] Mit dem Fortschritte der mensch-

---

[1] Vgl. »Lutte ou accord pour la vie« (»Revue Socialiste« [Paris
Mai-Juni 1894]).

lichen Kultur und der wachsenden Arbeitsteilung, die eine engere Verknüpfung der Volksteile erfordert, tritt neben den stets milder werdenden Kampf die neue Macht der Solidarität und Arbeitsgemeinschaft und erwirbt eine stets kräftigere und weiter greifende Bedeutung. [1] Und dieser ganze Prozess vollzieht sich — das ist das von MARX angegebene Verhältnis, dessen Ergründung seine grosse wissenschaftliche That ist — nach Massgabe der Sicherheit oder Unsicherheit der Existenzbedingungen, vor allem der Ernährung.

Das Leben einzelner Individuen, Gruppen von Individuen und ganzen Gemeinschaften lässt stets erkennen, dass wenn die Nahrung, die materielle Grundlage des Daseins, gesichert ist, das Gesetz der Interessengemeinschaft über das der Konkurrenz und des Kampfes dominiert, und umgekehrt. Im wilden Zustande sind Kindesmord und Vatermord nicht nur erlaubte, sondern sogar gebotene und durch den Glauben sanktionierte Thaten, wenn ein Mann auf einer an Lebensmitteln armen Insel lebt, wie z. B. in Polynesien; sie werden dagegen unsittlich und verbrecherisch auf Kontinenten mit reichen und sicheren Existenzmitteln. [2] So führt auch heute noch die Unsicherheit des täglichen Brotes, in der die ungeheure Mehrheit lebt, zu einer rohen und brutalen Führung des Kampfes ums Dasein oder der »freien Kon-

---

[1] Ziegler übersieht diesen wichtigen Moment völlig und kennt nur das Mitgefühl als einschränkenden Faktor (l. c. p. 180 ff.).

[2] Vgl. die Einleitung meines Werkes über die Tödtungen: »L.'Omicidio« (Turin 1895).

kurrenz‹, wie der Individualismus ihn nennt. Sobald
aber durch das Kollektiveigentum einem Jeden die
Existenzbedingungen gesichert sind, wird, das ist
zweifellos, das Gesetz der Interessengemeinschaft zur
Herrschaft kommen. Die Erscheinung, die sich heute
im kleinen und als Ausnahme zeigt, dass nämlich
Harmonie und gegenseitiges Wohlwollen in eine
Familie einkehren, wenn die Geschäfte gut gehen
und das tägliche Brot sicher ist, während mit der
Not Streit und Kampf ihren Einzug halten, zeigt sich
auch im grossen in der ganzen Gesellschaft und wird
als konstante Regel in der zukünftigen besseren
Ordnung bestätigt werden.

So wird der Sieg des Socialismus aussehen, und
so, ich betone es noch einmal, lautet die erschöpfendste
und fruchtbarste Auslegung, die den unerbittlichen,
von Darwin uns enthüllten Gesetzen der Natur an
der Hand des Socialismus gegeben werden muss.

IV.

DAS ÜBERLEBEN DER BEST-ANGEPASSTEN.

Auch der dritte und letzte Einwand Häckel's und der Häckelianer lässt sich nicht in der Weise, wie sie es wünschen, gegen den Socialismus geltend machen, wenngleich er in seinen terminis technicis aus dem Gebiete der Biologie und des Darwinismus vollkommen korrekt ist. Er lautet: Der Kampf ums Dasein sichert das Überleben der Besten oder Best-ausgerüsteten und ergiebt damit einen aristokratisch wirkenden Prozess der natürlichen Auslese im Gegensatz zu dem demokratisch nivellierenden Kollektivismus der socialistischen Zukunftsbilder. [1]

Worin besteht denn nun eigentlich die berühmte natürliche Auslese, dieses unbestreitbare Resultat des Konkurrenzkampfes?

Der von Häckel und so vielen anderen gebrauchte Ausdruck ›Überleben der Besten oder der am meisten Angepassten‹ bedarf einer Korrektur, denn das Wort ›Besten‹ muss gestrichen werden; das-

---

[1] Ziegler hat auffallenderweise dies antisocialistische Argument völlig übergangen.

selbe verrät nur einen Rest der Teleologie, die
in der Natur und in der Geschichte an einen End-
zweck glaubt, der durch eine beständige Vervollkommnung erreicht werden soll. Dagegen hat der
Darwinismus und noch mehr die allgemeine Entwicklungslehre jeden Begriff der Teleologie aus der
modernen Wissenschaft und der Beschreibung der
Wirklichkeit und der Thatsachen beseitigt. Die Entwicklung schliesst auch die Rückbildung und Zersetzung in sich ein. Es kann sein und es kommt
vor, dass, wenn man schliesslich die beiden äussersten
Punkte des Lebensganges der Menschheit vergleicht,
sich wirklich ein Fortschritt, ein kompliziertes Besser-
werden ergiebt; keinesfalls aber ist dieses Resultat
in einer gerade aufsteigenden Linie erreicht worden,
sondern, um mit GOETHE zu reden, in einer Spirale,
in einem rhythmischen Wechsel auf- und abwärts-
steigender Bewegungen der Vervollkommnung und
Zersetzung.

Jede aufwärts gerichtete Phase der Entwicklung
im individuellen und im Gemeinschaftsleben trägt in
sich die Bedingungen für eine darauf folgende Zersetzung und diese wiederum bewirkt durch den
Verfall des einmal ausgelebten Organismus in dem
ewig wirkenden Laboratorium der Natur ein neues
Werden anderer Lebensformen.

So wird es begreiflich, dass in der menschlichen
Gesellschaft jede Kulturstufe die Keime ihrer eigenen
Zersetzung selbst hervorbringt, aus der eine neue
Kultur, vielleicht an einem ganz anderen Orte, sich
wieder erhebt. Die alten Theokratieen des Orients

verfallen und ihre Spuren leben in der griechisch-
lateinischen Welt wieder auf; auf diese folgt die
Kultur des Feudaladels in Centraleuropa, welche
wie ihre Vorgänger an ihren Ausschreitungen zu
Grunde geht, um von der Bildung des Bürgertums ab-
gelöst zu werden, wie sie uns am deutlichsten bei der
angelsächsischen Rasse entgegentritt. Aber schon
fühlt das Bürgertum die Fieberschauer der Zersetzung
und schon beginnt die Entwicklung der socialistischen Epoche, deren Kultur weltumfassender sein
wird als die aller ihrer Vorgänger. [1]

Die Behauptung, dass die durch den Daseinskampf bedingte natürliche Auslese die *Besten* überleben lässt, ist also nicht richtig; in Wirklichkeit lässt
sie die meist Angepassten überleben. Und dieser
Unterschied ist sehr wichtig, in der natürlichen Auslese wie in der socialen. [2] Der Kampf ums Dasein
bedingt unleugbar das Überleben der Individuen,
die dem Milieu und dem historischen Moment, in
dem sie leben, am engsten angepasst sind. In der
Natur führt das feine Spiel der kosmischen Kräfte
und Situationen allerdings zu einer fortgesetzten Vervollkommnung der Lebensformen, vom Mikroorga-
nismus bis zum Menschen. Dagegen bedingt die

---

[1] Eins der charakteristischen Symptome der beginnenden Zersetzung ist der Parasitismus, vgl. Massart und Vandervelde, »Parasitisme organique et parasitisme social« (»Bull. sc. de la France et
de la Belgique«, 1893).

[2] Ziegler übersieht oder verschweigt diesen eminent wichtigen
Unterschied; nur eine Fussnote (p. 159, Note 2) deutet ganz flüchtig
darauf hin.

von SPENCER als hyperorganisch bezeichnete Entwicklung
innerhalb der Menschenwelt, infolge der Interferenz
verschiedenartiger Kräfte und Richtungen manchmal
eine Auslese ganz anderer Art, einen Zersetzungs-
prozess, der freilich auch auf dem Überleben derer
beruht, die an eine gegebene geschichtliche Situation
aufs engste angepasst sind, der aber gerade die
Korruption des gegebenen Milieus beweist.

So liegt die Frage der socialen Auslese, die bisher vielfach von Socialisten und Nichtsocialisten
unexakt aufgefasst worden ist, was sie dazu geführt
hat, das Problem bei der ersten Berührung für
inkommensurabel mit socialen Thatsachen zu erklären.
Wie sehr in der heutigen Gesellschaft [1] die natürliche
Auslese in ihren Resultaten gefälscht wird von den
durchkreuzenden Einflüssen der Auslese durch die
militärische Aushebung, die Ehe und vor allen
Dingen durch die wirtschaftlichen Privilegien ist bekannt genug. Das dem Soldaten auferlegte zeitweise
Cölibat hat einen unverkennbar nachteiligen Einfluss auf die Qualität der Rasse, denn die Schwachen,
die die Aushebung zu Hause lässt, pflanzen sich inzwischen allein fort, während die blühende Jugend
steril bleibt und in den Grossstädten auch noch
Gefahr läuft, sich syphilitisch zu infizieren. [2]

---

[1] Broca, »Les Sélections« (»Mém. d'Anthrop.« [Paris 1877], III 205).
— Lapouge, »Les Sélections Sociales« (»Rev. d'Anthrop.«, 1887, p. 519)
— Loria, »Carlo Darwin« (Siena 1882). — Sergi, »Le degenerazioni
umani« (Mailand 1889), p. 158. — Bebel, »Das Weib und der Socialismus«.

[2] Ziegler (p. 167) will im Kriege ein Mittel zur Hebung (!)
der Volksgesundheit und allgemeinen Prosperität sehen. Aber in

Die in der heutigen Gesellschaft durch die wirtschaftlichen Interessen degradierte Ehe erreicht ungefähr
das gerade Gegenteil einer natürlichen geschlecht-
lichen Auslese, denn die schwächlichen und verkümmerten Erbinnen finden eher einen Mann als
die kräftigsten Mädchen aus dem Volk oder der
kleineren Bourgeosie, die im Cölibat verwelken
müssen oder noch schlimmer zu Grunde gehen.

In dem ganzen verwickelten Getriebe des gesellschaftlichen Lebens ist ferner der Einfluss des kapitalistischen Monopols unverkennbar, das den privilegierten
Individuen von vornherein den Sieg sichert, sodass
die verkümmerten Reichen eine längere Lebensdauer
haben als die schlecht genährten Proletarier.

Zugleich degradiert die den erwachsenen Männern
aufgelegte harte Arbeit bei Tage und bei Nacht und
die noch verderblichere Ausnutzung der Frauen- und
Kinderarbeit durch den heutigen Kapitalismus immer
mehr die Lebensbedingungen der grossen proleta-
rischen Masse. [1]

Frankreich waren die 1812—1814 geborenen Rekrutenjahrgänge
die schwächlichsten und in Deutschland stellen die 1871—1873
geborenen Kinder dreimal mehr jugendliche Verbrecher als der
Durchschnitt. — K.

[1] Von grosser Bedeutung sind in dieser Beziehung die Ermitte-
lungen Pagliani's, jetzt Generaldirektor des italienischen Medizinal-
wesens (»Arch. di Statistica, 1877«), über die Verschiedenheiten der
menschlichen Entwicklung, aus denen sich ergiebt, dass die Kinder
der armen Bevölkerung erheblich langsamer wachsen als die der
wohlhabenden; so früh beginnen die wirtschaftlichen Notstände ihre
Herrschaft zu üben.

Dazu kommt nun noch die Auslese der moralisch Schlechteren, denn der Kapitalismus hat in seinem Kampfe gegen das Proletariat ein Interesse an der Auslese der Kriecher und an der Ausmerzung der Männer von Charakter, die nicht geneigt sind, das Joch der gegenwärtigen gesellschaftlichen Zustände zu tragen.

Der erste Eindruck, den die Bekanntschaft mit diesen Thatsachen macht, könnte zur Leugnung der Gültigkeit und Anwendbarkeit des Gesetzes der natürlichen Auslese auf die Menschheit verleiten. Ich war und bin dagegen der Meinung, dass diese umgekehrte sociale Auslese nicht nur keinen Widerspruch gegen den Darwinismus bedeutet, sondern dass sie auch noch ein weiteres Argument zu Gunsten des Socialismus liefert, denn es ist gerade der Socialismus, der auf diesem Gebiete die wohlthätige Wirkung der unerbittlichen und natürlichen Auslese begehrt und herbeiführen wird. Die Selektionstheorie bedeutet ja nicht das Überleben der Besten, sondern nur der »meist Angepassten«. Offenbar erleichtern auch die degenerativen Wirkungen der socialen Auslese und, wegen ihres weiten Gebietes und ihrer langen Einwirkung, besonders die der heutigen wirtschaftlichen Ordnung noch immer den Triumph derer, die in diese socialen Zustände am besten hineinpassen. Wenn unter Umständen die Verworfensten oder die Schwächsten als Sieger aus dem Konkurrenzkampfe hervorgehen, so beweist das noch nicht, dass auf diesen Fall das Selektionsgesetz nicht passt; dieser Sieg beweist nur, dass das Milieu

verfault ist, woraus sich dann die Qualität derer ergiebt, die in ihm überleben.

In meinen Untersuchungen über die Psychologie
der Verbrecher habe ich oft genug feststellen können,
dass unter Verbrecherbanden und unter der Gefängnis-
bevölkerung die wildesten und verschlagendsten Verbrecher dominieren, gerade weil sie am besten an
das verkommene Milieu angepasst sind; ganz so bleibt
auch in unserer individualistischen Gesellschaft der
Skrupelloseste Sieger und der Kampf ums Dasein begünstigt den, der am besten in eine Welt passt, wo
das, was einer hat (gleichviel, woher er es hat), nicht
das, was er ist, ihm seinen Wert verleiht.

Wenn man die Gültigkeit des Gesetzes der Auslese in der Menschenwelt bestreitet, so begeht man
einen Irrtum, der daher rührt, dass man die gegenwärtigen Zustände und einen historischen Moment
— den die Geschichte als den der Bourgeosie bezeichnen wird, wie sie eine andere Epoche als die
des Feudalismus bezeichnet — verwechselt mit dem
ganzen Werdegange der Menschheit und dass man
übersieht, wie die verderblichen Ergebnisse der ver-
kehrten gesellschaftlichen Auslese von heute nur eine
Bestätigung des Darwinschen Gesetzes der »Auslese
der Passendsten« geben; die Wissenschaft erklärt die
heutige Form der Auslese aus den notwendigen
biologischen Beziehungen zwischen den Eigenschaften
des Milieus und denen der Individuen, die in ihm
zur Welt kommen, kämpfen und überleben.

Gerade diese Erscheinung bildet ein gewichtiges
Argument für den Socialismus; wenn das die einzelnen

umgebende Mittel von den Fehlern und Flecken befreit ist, die es heute, dank der schrankenlosen wirtschaftlichen Anarchie, entstellen, wird sich notwendigerweise auch ganz von selbst eine Besserung der
Wirkungen ergeben, welche die sociale Auslese heute
herbeiführt. In ein physisch und social gesundes
Milieu werden die gesunden Naturen am besten
hineinpassen und deshalb werden sie die Überlebenden
sein. Dann wird der Kampfpreis der Wettbewerbung
dem sicher zufallen, der an Leib und Seele der Ge-
sündeste und Kräftigste ist, und deshalb muss eine
kollektivistische Wirtschaftsverfassung, die jedem
seine Subsistenz sichert, eine physische und moralische Besserung des Menschengeschlechts herbeiführen.

Wenn man mir nun entgegenhalten will, gleichviel
ob Socialismus und die Selektion im Sinne DARWIN's
harmonieren, es bedeute doch die Auslese der Passendsten einen aristokratisch wirkenden Vorgang, der mit der
nivellierenden Neigung des Socialismus unvereinbar
sei, so ist darauf zu antworten, dass der Socialismus
allen Individuen die ungehemmte Entwicklung
der eigenen Persönlichkeit gewähren wird. Dann
allerdings werden die *Besten* den Kampf ums Dasein
siegreich bestehen, denn in einem normalen Milieu
ist den gesunden Naturen der Sieg sicher. Und so
wird der Darwinistische Socialismus nur die Fortsetzung
und die Veredelung der natürlichen Selektionsgesetze
repräsentieren. Ferner ist der Behauptung einer ins
Unendliche gesteigerten aristokratischen Auslese der
Hinweis auf ein anderes Naturgesetz entgegenzuhalten,
das neben und mit der natürlichen Auslese den

rhythmischen Wechsel von Wirkung und Gegen-
wirkung ergiebt, dem das Leben seine Stabilität verdankt. Neben der von DARWIN erforschten Variabilität
und Typenfülle der Natur steht das untrennbare Korrelat
eines Gesetzes, das nach dem Vorgange von MOREL,
LUCAS, DE CANDOLLE und SPENCER, VON GALTON und
LOMBROSO in vollendeter Klarheit formuliert worden ist.

Dieselbe Natur, welche die Auslese und die aristokratische Vervollkommnung zu einer Bedingung
der fortschreitenden Entwicklung macht, stellt durch
ein nivellierendes und demokratisches Gesetz das
Gleichgewicht wieder her: »Aus den gewaltigen
Scharen der Menschen erheben sich Individuen,
Familien, Rassen, die über das gemeinsame Niveau
sich zu erheben streben; sie erklimmen die steile
Höhe, sie erreichen den Gipfel — der Macht, des Reichtums, des Wissens, des Genies — und einmal so
hoch gestiegen, stürzen sie wieder herab und verschwinden im Abgrunde des Wahnsinnes und der
Entartung. Die Vererbung ist die grosse Gleich-
macherin; indem sie alles, was sich hoch erhebt,
zum Untergange führt, demokratisiert sie die Menschheit.«[1]

Alles, was die natürlichen Kräfte monopolisieren
will, verstösst gegen das oberste Naturgesetz, das
allen Lebenden den Gebrauch und die Beherrschung

---

[1] Jacoby, »Etudes sur la sélection dans ses rapports avec l'hérédité chez
l'homme« (Paris 1881), p. 606. Eine tiefere und noch vollständigere
Anwendung dieses Gesetzes giebt Lombroso im letzten Kapitel von
»Entartung und Genie« (Leipzig 1894). Dieses Gesetz wird von denen

der natürlichen Existenzmittel, Luft und Licht, Wasser
und Erde, giebt.

Alles, was sich zu sehr nach oben oder nach
unten von dem menschlichen Durchschnittstypus entfernt — der freilich seinerseits von Epoche zu Epoche
ein höheres Niveau erreicht, das aber in einer gegebenen historischen Situation konstant ist — ist
nicht lebensfähig und erlischt. Der Zwerg und der
Riese, der Idiot und das Genie, der Hungerleider
und der Prasser sind natürliche oder sociale Monstra,
und die Natur trifft sie unerbittlich mit Entartung
und Unfruchtbarkeit, gleichviel ob sie Produkte des
organischen Lebens oder der socialen Zustände sind.

Darum verfallen alle im Besitze eines Monopols — sei es der Macht, des Reichtums oder des Genies
— befindliche Familien dem unerbittlichen Geschick,
dass ihre letzten Sprösslinge in Blödsinn, Selbstmord
oder Sterilität entarten. Aristokratische Klassen,
souveräne Dynastieen, Künstler- und Gelehrtenfamilien
und Abkömmlinge von Millionären, alle verfallen
demselben Gesetz, dessen Erkenntnis von neuem
die Übereinstimmung der Naturwissenschaften und
des Socialismus beweist.

übersehen, die mit Nietzsche in geistreicher und origineller, aber teil-
weise phantastischer und krankhafter Manier einen radikalen Aristo-
kratismus modern zu machen suchen. Auch meine Vorgänger in
der Behandlung des vorliegenden Problems haben dies Gesetz übersehen (Ritchie, »Darwinism and Politics« [London 1891]; Boucher,
»Darwinisme et Socialisme« [Paris 1890]).

V.

DER SOCIALISMUS UND DER RELIGIÖSE GLAUBE.

Was Häckel und nach ihm so viele andere als unvereinbare Gegensätze zwischen Socialismus und Darwinismus bezeichnet haben, verschwindet also im Lichte der klaren und unbefangenen Erforschung der natürlichen Gesetze, die den Namen Charles Darwin's trägt.

Ich will jedoch betonen, dass der Darwinismus nicht nur keinen Gegensatz gegen den Socialismus bildet, sondern dass er eine der grundlegendsten wissenschaftlichen Unterlagen des Socialismus bildet, und dass der Socialismus, wie Virchow scharfblickend gesehen hat, nur ein Teil der logischen und natürlichen Descendenz des Darwinismus und ein Zwillingsbruder der Entwicklungslehre Spencer's ist. Durch den Nachweis der Abstammung des Menschen von tierischen Ahnen hat die Theorie Darwin's mit seinem oder gegen seinen Willen dem Glauben an einen Gott, der durch sein Schöpferwort eines Tages die Welt und den Menschen geschaffen hat, einen schweren Schlag versetzt. Deshalb hat sich von vornherein der hart-

näckigste Widerstand gegen seine fundamentalen
Sätze im Namen der Religion erhoben und dieser
Widerstand ist heute der einzige, den der Darwinismus
überhaupt noch findet. [1] Zwar hat sich weder DARWIN
zum Atheismus bekannt, noch ist SPENCER Atheist,
und schliesslich lässt sich auch die Lehre DARWIN's
wie die SPENCER's mit dem Gottesglauben verbinden,
etwa wenn man annimmt, dass Gott Kraft und Stoff
geschaffen und es ihnen dann überlassen hat, sich
entsprechend dem schöpferischen Antriebe allmählich
zu entwickeln.

Wenn ich sage, dass DARWIN sich nicht zum
Atheismus bekannt hat, so gilt das nur für seine
öffentlichen Erklärungen; HÄCKEL hat in dem Be-
streben, den Darwinismus weiss zu waschen, auf der
Naturforscherversammlung zu Eisenach, 1882, erklärt,
DARWIN wäre nicht Atheist. Dagegen hat BÜCHNER
kurz darauf einen an ihn gerichteten Brief DARWIN's
veröffentlicht, worin dieser erklärt, dass ihn seine
wissenschaftlichen Studien nach seinem 40sten Jahre
zum Atheismus geführt haben. Etwas Ähnliches gilt
für MILL, der sich nie als Socialisten bekannt hat,
während seine Selbstbiographie und seine 1879 in
der *Revue Philosoph.* veröffentlichten Fragmente über
den Socialismus ihn als solchen zeigen.

---

[1] Von Dr. Haman nicht zu reden, übersieht Ferri an dieser
Stelle, dass auch Prof. Virchow noch nicht zu einem Verständnis
der Darwinschen Lehre vorgedrungen ist, oder doch in seinen
neuerdings wiederholten Angriffen auf den Darwinismus nichts von
einem solchen Verständnis zeigt. — K.

Es ist aber unleugbar, dass diese, auf eine un-
beugsame und ausnahmslose Kausalität in der Natur
hinweisenden Theorieen unvermeidlich zur Ablehnung
des Gottesbegriffes führen, weil diesem Begriff gegenüber immer die Frage auftaucht: Wer hat denn Gott
geschaffen? Der Replik, dass er immer existiert hat,
stellt sich die Duplik gegenüber, dass das Universum
immer existiert hat. Das menschliche Denken kann
die Vorstellung nicht fassen, dass die von Wirkung
auf Ursache zurückgehende unendliche Kette an
einem nach rückwärts gelegenen Punkte plötzlich ab-
brechen sollte. Gott ist, wie LAPLACE sagte, eine
Hypothese, deren die positive Wissenschaft nicht
bedarf; für sie ist er, um mit HERZEN zu reden,
höchstens ein X, dessen Inhalt nicht, wie DUBOIS-
REYMOND und SPENCER wollen, das Unerkennbare ist,
sondern alles das, was bis jetzt noch nicht Gegenstand der Erkenntnis ist. Das X ist also eine variable
Grösse, das immer mehr eingeengt und zurückgedrängt
wird, je weiter die Wissenschaft vordringt.

Deshalb stehen Wissenschaft und Religion in einem
umgekehrten Verhältnis zueinander, kraft dessen
diese um so schwächer und atrophischer wird, je
mehr Kraft und Ausdehnung jene im Kampfe gegen
das Unbekannte gewinnt. Im religiösen Glauben
existiert jedoch als kräftiges Element der durch
Erblichkeit oder Tradition bedingte Anteil des Gefühls, das ihn, wo er bona fide auftritt, immer acht-
bar und oft sympathisch erscheinen lässt, falls einem
lebensvollen Glauben ein reicheres Gefühlsleben entspricht. Der antireligiöse Einfluss der Darwinschen Lehre

4*

muss nun eine Rückwirkung auf die Entwicklung des Socialismus ausüben. Wenn der Glaube an ein Jenseits, in dem die Armen die Erwählten des Herrn werden, und die Leiden dieses Jammerthals durch Paradiesesfreuden wieder gut gemacht werden sollen, geschwunden ist, wird natürlich das Verlangen nach ein wenig irdischem Paradiese auch für die Elenden und Unglücklichen, und das sind ja die Meisten, lebhafter werden.

Auch Socialisten wie HARTMANN und GUYAU haben nicht bemerkt, dass zwar alle Religionen die Verheissung eines Glückszustandes zum Inhalt haben, dass aber die älteren Religionen die Erfüllung dieser Verheissung schon im Diesseits in Aussicht stellen, aus dem es erst die späteren Religionen hinaus und ins Jenseits verlegen; schliesslich aber sucht man die Verwirklichung dieses Wunsches von neuem im irdischen Leben der Menschheit und zwar in einer unendlichen Entwicklung zu immer grösserer Vollkommenheit. In dieser Beziehung knüpft der Socialismus an die religiöse Entwicklung an und strebt an ihre Stelle zu treten, denn er will ja, dass die Menschheit sich ein irdisches Paradies aus eigener Kraft schaffe, ohne auf ein problematisches Jenseits zu warten.

Oft genug ist hervorgehoben worden, dass die socialistische Bewegung manche Merkmale religiöser Bewegungen, so des Urchristentums, besitzt, auch in der Glut ihrer idealen Überzeugungen, durch die sie sich von der Dürre des Skepticismus der Bourgeoisie unterscheidet; deshalb schreiben ihm auch nicht socialistische Forscher, wie WALLACE, LAVELEYE, DE ROBERTY u. a., die Kraft zu, durch sein humanes Glaubensbekenntnis die Jenseitshoffnungen der alten Religionen zu ersetzen.

Am wichtigsten bleiben aber die Beziehungen zwischen dem Socialismus und dem Gottesglauben. Auf dem Socialistenkongress in Erfurt (1891) haben zwar die Marxistischen Socialisten mit Recht erklärt, die Religion wäre Privatsache, und die socialistischen Parteien bekämpfen deshalb jede Form religiöser Intoleranz, den Kulturkampf wie den Antisemitismus, wie ich kürzlich in einem Artikel über denselben nachgewiesen habe, [1] aber dieser hohe Standpunkt entspringt nur der Sicherheit des schliesslichen Sieges.

Wenn der Socialismus auch nicht mit SERGI [2] die heutigen Religionen als krankhafte Erscheinungen des menschlichen Seelenlebens betrachtet, so gelten sie ihm doch als überflüssige Produkte einer moralischen Verknöcherung, die vor der Ausbreitung einer auch nur elementaren naturwissenschaftlichen Bildung schwinden müssen; deshalb fühlt er auch nicht das Bedürfnis, die ohnedies dem Untergang geweihten religiösen Anschauungen besonders zu bekämpfen. Er weiss trotzdem wohl, dass zu seinen wichtigsten Hilfsmitteln die Abwerfung oder Schwächung des Gottesglaubens gehört, durch den die Priester aller Religionen, solange es eine Geschichte giebt, die

---

[1] Nuova Rassegna Aug. 1894.
[2] G. Sergi, ›L'Origine dei Fenomeni Psichici‹ (Mailand 1885), p. 334.

mächtigsten Verbündeten der herrschenden Klassen gewesen sind, unter deren Joch sie die Massen durch die religiöse Hypnose festhielten, wie man Tiere durch die Peitsche bändigt.

Deshalb beklagen klarsehende Konservative, auch wenn sie ihrerseits atheistisch sind, die Abnahme des religiösen Gefühls in den Massen, denn dieses wertvolle Narkotikum betrachten sie, wenn sie es auch nicht sagen, schon rein aus Utilitätsgründen als ein Werkzeug der Klassenherrschaft. [1]

Unglücklicherweise oder vielmehr glücklicherweise kann man das religiöse Gefühl nicht durch eine Verfügung des Königs oder des Präsidenten wieder einführen. Es ist im Verschwinden, nicht weil TITUS oder GAJUS daran schuld sind, noch irgend eine besondere Propaganda, sondern weil die Luft, die wir atmen, zu sehr erfüllt ist von naturwissenschaftlichen Anschauungen, als dass ein Gefühl in ihr noch weiterleben könnte, das günstige Lebensbedingungen in der Unwissenheit und Mystik vergangener Jahrhunderte fand.

So scheint es mir bewiesen, dass die moderne positive Wissenschaft, die den Begriff natürlicher Kausalität an die Stelle des Wunders und der Schöpfung setzt, einen bedeutenden Einfluss auf die schnelle

---

[1] Vgl. Durckheim, »De la division du travail social« (Paris 1893). — Was den angeblichen Einfluss der Religion auf die Sittlichkeit betrifft, so habe ich die Grundlosigkeit dieser Annahme in meinen kriminal-psychologischen Arbeiten, besonders in meinem Werke über den Mord nachgewiesen (»L'Omicidio nell' Antropologia Criminale« [Turin 1895], II, Kap. IV).

Entwicklung und wissenschaftliche Begründung des modernen Socialismus hat.

Der Socialismus sieht jedoch den katholischen Socialismus ohne Abneigung und Furcht. Letzterer erleichtert die socialistische Propaganda besonders auf dem Lande, wo die religiösen Traditionen noch lebendig sind, aber er wird nicht die Siegespalme ad majorem Dei gloriam sammeln, nicht nur wegen des unausbleiblichen Antagonismus zwischen Religion und Wissenschaft, den auch die katholische Kirche nicht zum Verschwinden bringen kann, sondern weil der profane Socialismus eine sehr viel grössere Anziehungskraft besitzt. Wenn die Landbevölkerung erst christlich-social [1] geworden ist, wird der radikale Socialismus sie ohne jede Schwierigkeit für seine Fahne gewinnen, ja sie wird sich von selbst dazu bekehren.

Ganz ähnlich steht der Socialismus dem Republikanismus gegenüber. Wie der Atheismus eine private Angelegenheit des Einzelnen ist, so ist die

---

[1] Man vergleiche hierzu eine Bemerkung, mit welcher das »Socialpolitische Centralblatt« (IV., No. 10, p. 147) die Ankündigung einer neuen christlich-socialen Zeitschrift begleitet und in der sich ein ähnliches, nichts weniger als feindseliges oder ironisches Verhältnis des wissenschaftlichen zum christlichen Socialismus äussert: »Die in Aussicht gestellte Darlegung erweckt um so grösseres Interesse, als bekanntlich sowohl innerhalb des evangelischsocialen Kongresses wie der evangelischen Arbeitervereine sehr verschiedenartige Strömungen miteinander ringen, und die neue Zeitschrift vielleicht berufen sein wird, den Umwandlungsprozess innerhalb jener Bewegung stark zu beeinflussen«. — K.

Republik eine Privatangelegenheit, die zwischen den
bürgerlichen Parteien schwebt. Wenn der Socialismus
völlig reif ist, wird der Atheismus sehr weit vorge-
schritten und die Republik die Regierungsform mancher heute monarchischen Länder sein. Wie der
Atheismus nicht von den Socialisten erfunden worden
ist, wird die Republik nicht von ihnen gemacht
werden. Der heutige Atheismus ist ein Produkt der
Einwirkung der Entwicklungslehre auf die heutige
Bourgeoisie; ganz ebenso wird die Republik durch
eine Partei der kapitalistischen Bourgeoisie herbei-
geführt werden, wenn einmal ›die Monarchie nicht
mehr die Interessen des Landes wahrnehmen wird‹,
womit natürlich die Interessen der herrschenden
Klassen gemeint sind.

Die natürliche geschichtliche Entwicklung geht
von der absoluten zur konstitutionellen Monarchie
und von dieser zur Republik, die sich von dem
monarchischen Verfassungsstaat heute fast nur noch
durch die Wählbarkeit des Staatsoberhauptes unterscheidet. Die Bourgeoisie selbst wird den Uebergang
von der Monarchie zur Republik vollziehen, schon
allein in der Hoffnung, dadurch das Hereinbrechen
des Socialismus aufzuhalten. Oft genug findet
man in Italien wie in Spanien, in England wie in
Frankreich Republikaner und sogenannte Radikale,
die in höherem Grade Bourgeois und konservativ
sind, als die konservativen Parteien und ihre intelli-
genten Anhänger; im italienischen Parlament/ ist z. B.
IMBRIANI in religiösen und socialen Fragen konservativer als RUDINI; er, der alle Welt angreift, oft

mit sehr vielem Recht, wenn auch in verkehrter Weise und ohne Nutzen, hat nie einen Priester angegriffen und war der einzige Abgeordnete, der selbst gegen die blosse ›in Erwägung - Ziehung‹ eines Entwurfs für ein Gesetz über die Erhöhung der Erbschaftssteuer für Seitenverwandte stimmte.

Der Socialismus hat also kein Interesse an republikanischer Propaganda. Möge jeder nach dem Gesetze der Arbeitsteilung seine Aufgabe lösen, die Wissenschaft das Freidenkertum, die mehr oder weniger radikale Bourgeoisie die Republik betreiben. Alles das zeigt nur den zum Triumph des Socialismus führenden Weg der geschichtlichen Entwicklung.

VI.

DAS INDIVIDUUM UND DIE ART.

An einem zweiten Punkte zeigt sich die genetische Beziehung zwischen Socialismus und Darwinismus, nämlich in der Auffassung des Verhältnisses des Individuums zur Art. Das achtzehnte Jahrhundert endigte mit der ausschliesslichen Verherrlichung des Individuums, des Menschen, als einer für sich bestehenden Einheit, und diese Denkweise, wie sie besonders bei ROUSSEAU hervortritt, war die natürliche, aber übertriebene Reaktion gegen die Adels- und Priesterherrschaft der Feudalzeit. Der Individualismus hatte eine politische Konstruktion zur direkten Folge, auf die ich weiter unten eingehen werde, und in der sich heute noch die Leiter des bürgerlichen Regimes mit dem anarchistischen Individualismus treffen, da beide Richtungen glauben, die socialen Zustände liessen sich durch den Zauberschlag eines Gesetzesparagraphen oder das Platzen einiger Bomben ändern.

Die moderne Biologie hat den Begriff vom Individuum völlig verändert und hat einerseits gezeigt, dass es biologisch wie gesellschaftlich nur ein Ag-

gregat einfacherer Elementarindividuen ist, andererseits,
dass ein auf sich beruhendes Individuum nirgends
existiert, dass das Individuum nur, soweit es ein
Teil einer Gemeinschaft ist, Dasein hat. Alles Lebendige ist eine Association, eine Gemeinschaft.
Selbst die Zelle, die als vollständiger Organismus
existiert, dieser nicht weiter reduzierbare Ausdruck
der biologischen Individualität, ist wieder ein Aggregat verschiedener Teile (Kern, Nucleolus, Protoplasma),
die alle wiederum Aggregate von Molekülen, d. h.
von Atomaggregaten sind. Das Atom allein ist ein Individuum, aber es ist nicht belebt. Alles, was lebt,
ist eine Association, eine Gemeinschaft. Steigt man
in der Tierreihe von den Protisten bis zum Menschen
auf, so wird das Aggregat, die Konföderation der
Teile, immer komplizierter. Wie der Metaphysik des
Individualismus das einförmige und uniformierende
Jakobinertum entspricht, so kommt dem socialistischen Positivismus der nationale und der internationale Föderalismus gleich. Wie der Organismus
eines Säugetieres nur eine Association von Geweben
und Organen ist, so kann der Organismus einer Gesellschaft nur eine Verbindung von Gemeinden, Gauen
und Provinzen, der Organismus der Menschheit nur
eine Föderation von Völkern sein.

Wie es absurd wäre, sich ein Säugetier zu denken,
bei dem Kopf und sämtliche Extremitäten dieselbe
Bewegungsform hätten, ebenso würde eine politische
Verwaltungsorganisation sinnlos sein, in der eine
nördlich gelegene oder alpine Provinz eines Landes
dasselbe System bureaukratischer Ressorts, dasselbe

Flechtwerk von Gesetzen besitzt, wie eine Provinz
des fernen Südens oder des Flachlandes, blos der
Uniformität zuliebe, die nichts ist als eine Karikatur
der Einheit.

Ich will auf diese politischen Betrachtungen, aus
denen sich für Italien ebenso wie für andre Länder
die Forderung politischer Einheit bei föderalistischer
Verwaltung ergeben würde, nicht weiter eingehen.
So viel ist klar, dass heute das Individuum den Anschein
der Selbstherrlichkeit verloren hat und von der Biologie wie von der Sociologie entthront worden ist.

Das Individuum existiert aber nur, insoweit es ein
Teil einer höheren socialen Einheit ist. Die Ge-
schichte ROBINSON CRUSOE'S, der naive Ausdruck des
Individualismus, kann nur eine Legende oder eine
Krankengeschichte sein. Die Art, d. h. das sociale
Aggregat, ist die eigentliche, lebendige und bleibende
Wirklichkeit des Lebens, wie der Darwinismus ge-
zeigt hat und wie alle positiven Wissenschaften von
der Astronomie bis zur Sociologie es bestätigen.

Am Ende des vorigen Jahrhunderts erklärte
ROUSSEAU, dass das Individuum allein existiere und
die Gesellschaft ein künstliches Produkt des *contrat
social* sei. Indem er den flüchtigen Erscheinungen
der damals gegebenen historischen Situation, der
Fäulnis des *ancien régime*, in dem er lebte, eine
beständige Dauer zuschrieb, erklärte er die Gesellschaft für die Ursache aller Uebel, die Individuen
aber als von Natur gut und unterschiedslos; am Ende
unseres Jahrhunderts dagegen kommen alle Wissenschaften darin überein, die Gesellschaft als eine na-

türliche Thatsache zu betrachten, der gegenüber das
Einzelleben machtlos ist, von den ersten Tierstöcken
der Zoophyten an bis auf die Horden der höheren
Säugetiere und die menschlichen Gemeinschaften.

Ich kann hier nicht näher auf die von FOUILLÉE
und seinen Anhängern gemachten Versuche eingehen,
neben den Begriff einer natürlichen, den der ver-
tragsmässigen Gesellschaft zu setzen; offenbar ist
auch an diesen Anschauungen etwas Berechtigtes
und man kann dieselben zur Begründung des Rechts
auf Auswanderung nicht ganz entbehren. Die Form
des Vertrages, die bei der Geburt des Individuums,
d. h. bei dem entscheidendsten Ereignis seines Daseins, in dieser oder jener Gesellschaft gar nicht in
Frage kommt, spielt auch kaum mit bei dem Verbleiben des Individuums in dem Milieu seiner Geburt
und bei der Entwicklung seiner Neigungen und
Fähigkeiten, in der seine Individualität nur als Atom
gegenüber der socialen und politischen Ordnung zur
Geltung kommt.

Das Beste, was das Individuum in sich trägt, verdankt es durchaus dem gesellschaftlichen Leben,
auch da, wo dasselbe von Krankheit und Fäulnis
durchsetzt ist, die doch nur vorübergehender Natur
sind und das Heraufsteigen einer neuen Entwicklungsphase anzeigen.

Wenn ein Individuum als solches leben könnte,
würde es nur der Befriedigung eines seiner beiden
fundamentalen Instinkte leben, des Nahrungstriebes, jener primitiven und einfachen Funktion, die schon ARISTO-
TELES als *Ktesis* — Erwerbung von Nahrungsmitteln —

bezeichnet. Aber das zweite der fundamentalen Bedürfnisse des Lebens, das der Reproduktion von
Wesen gleicher Art, macht das Leben in einer Gemeinschaft notwendig, und gerade aus diesen Funktionen der Beziehung und der Reproduktion entsteht
das moralische und das sociale Gefühl, welches das
Individuum lehrt, nicht für sich allein zu existieren,
sondern ein Zusammenleben zu führen. Man darf also
sagen, dass Hunger und Liebe, die beiden Grundtriebe
des Lebens, für die Gesellschaft die Bedeutung eines
Gleichgewichtregulators haben. Die Liebe bedeutet
für die meisten Menschen die Hauptform, der Verwendung angesammelter physiologischer und psy-
chischer Energie, mehr oder weniger reichlich dem
täglichen Brot entnommen, der Tagesarbeit abge-
wonnen oder im parasitischen Nichtsthun angehäuft.
Die Liebesfreuden sind auch die einzigen, die wirklich den Charakter der Allgemeinheit und Gleichheit
tragen, weshalb auch das Volk mit Recht die Liebe
das Paradies der Armen nennt. Die religiöse Lehre
» seid fruchtbar und mehret Euch « wahrt übrigens
die Interessen der herrschenden Klassen, denn die
Erotik erschöpft den Organismus, besonders den des
Mannes; die Leiden der Entbehrung und der Lohnsklaverei werden in ihren Freuden vergessen, und
zugleich verliert der Organismus, den die Erotik nicht
ganz zu Ruhe kommen lässt, seine Spannkraft.

Wie aber dieser Wirkung des Geschlechtslebens
die davon unzertrennliche Bevölkerungsvermehrung
entspricht, so wird die starre Festlegung der gegebenen socialen Ordnung durch die Spannkraft der

zunehmenden Bevölkerung verhindert; ein Prozess, der in unserer Zeit zu der charakteristischen Erscheinung des Proletariats geführt hat, und die sociale Entwicklung setzt so ihren unaufhaltsamen Weg fort.

Es ist also unleugbar, dass am Ende unseres Jahrhunderts die positiven Wissenschaften bewiesen haben, dass das Individuum nur für die Art, die einzige, bleibende Wirklichkeit des Lebens, existiert, während man am Ende des vorigen Jahrhunderts glaubte, die Gesellschaft wäre des Individuums wegen da, und daraus deduzierte — eine nicht vorhergesehene Anwendung dieser Lehre — dass Millionen arbeitender und leidender Menschen leben könnten und leben müssten für das Leben weniger Auserwählter. Heute sehen wir, dass das wissenschaftliche Denken sich in sociologischer und socialistischer Richtung gegen die Erbschaft des vorigen Jahrhunderts, den übertriebenen Individualismus, bewegt.

Gewiss zeigt die Biologie, dass man auch nicht in das entgegengesetzte Extrem fallen darf, in das gewisse utopistische und kommunistische Richtungen des Socialismus geraten sind. Diese sehen einzig und allein die Gesellschaft und vergessen das Individuum ganz und gar. Es giebt ein anderes biologisches Gesetz, wonach die Existenz des Aggregats das Produkt des Lebens der Einzelindividuen ist, wie das Leben des Individuums aus dem Zusammenwirken seiner Elementarorganismen sich ergiebt.

Es ist nun hinreichend dargelegt, dass der das Ende unseres und das Aufsteigen des kommenden Jahrhunderts bezeichnende Socialismus in vollkommener Übereinstimmung mit den Ergebnissen des wissenschaftlichen Denkens steht, auch in der Betonung der gebieterischen Forderungen einer solidarischen socialen Gemeinschaft gegenüber den Ausschreitungen des doktrinären Individualismus. Am Ende des vorigen Jahrhunderts bewirkte der Individualismus eine wohlthätige Aufrüttelung, aber durch die Wirkung der rücksichtslosen Bethätigung einer uneingeschränkten Konkurrenz muss er zu den ›befreienden‹ Explosionen des Anarchismus führen, der die ›individuelle Aktion‹ predigt und die menschliche und sociale Interessengemeinschaft völlig vergisst.

So gelangen wir schliesslich zum letzten Berührungspunkte zwischen Darwinismus und Socialismus, an welchem beide am innigsten verschmelzen.

VII.

DER KAMPF UMS DASEIN UND DER KLASSEN-KAMPF.

Der Darwinismus hat den ganzen Mechanismus der zoologischen Entwicklung der Arten aufgewiesen in dem Kampfe ums Dasein, der teils zwischen den Individuen derselben Art, teils zwischen verschiedenen Arten sich abspielt. Ganz ebenso hat der Marxistische Socialismus den Mechanismus der gesellschaftlichen Entwicklung auf das Gesetz des *Klassenkampfes* zurückgeführt, auf den er nicht nur als verborgenen Antrieb und einzigen wissenschaftlichen Schlüssel für die Geschichte der Menschheit hinweist, sondern den er auch als Ideal und unbedingte Norm des politischen Socialismus betrachtet, der dadurch allen vagen, dehnbaren, kraftlosen Halbheiten des sentimentalen Socialismus entrückt wird.

Wie die Entstehung der Lebewelt ihre Erklärung erst durch die Erkenntnis des Kampfes ums Dasein gefunden hat, so ist die Geschichte des Werdeganges der Menschheit erst durch das Gesetz des Klassenkampfes verständlich geworden; erst durch seine Anwendung werden die Annalen der Barbarei, der

FERRI, Socialismus. 5

Halbkultur und der Civilisation etwas anderes als ein
beständig wechselndes, launenhaftes Kaleidoskop individueller Handlungen, werden sie zu einem gewaltigen, notwendigen Drama, das — bewusst oder unbewusst — in seinen unbedeutenden Einzelheiten
wie in seiner kolossalsten Katastrophe determiniert ist
durch den unentrinnbaren Antrieb der wirtschaftlichen
Zustände, der natürlichen und deshalb unumgäng-
lichen Grundlagen des Lebens und des Klassenkampfes
um die wirtschaftlichen Kräfte, von denen jede
andere Macht, moralischer, rechtlicher oder politischer
Art, notwendig abhängt.

Über diese grossartige Conception, die der unvergängliche Ruhm von CARL MARX ist und ihm in
der Gesellschaftswissenschaft dieselbe Stelle anweist,
die DARWIN in der Biologie und SPENCER in der positiven Philosophie einnehmen, werde ich weiter unten
noch zu sprechen haben bei der genauen Abgrenzung
der Beziehungen zwischen Sociologie und Socialismus. [1] An dieser Stelle ist nur auf eine andere
Analogie zwischen Darwinismus und Socialismus hinzuweisen, aus der sich die Bedeutung des Begriffes
des Klassenkampfes ergiebt; dieser Ausdruck mag beim
ersten Eindrucke eine Antipathie zu bezeichnen
scheinen, und ich gestehe, diesen Eindruck auch
gehabt zu haben, als ich noch nicht völlig in den
Geist und den wissenschaftlichen Gehalt der Marxistischen Lehre eingedrungen war; in Wahrheit

---

[1] Vgl. Lafargue, »Il materialismo economico di Marx« (Critica
Sociale 1894).

aber entspricht dieser Begriff nur der fundamental-
sten Thatsache der Geschichte und kann also allein
die unbedingte Norm für das Auftreten der neuen
Entwicklungsphase sein, die der Socialismus kommen
sieht und herbeiführen will.

Die Lehre vom Klassenkampf bedeutet, dass die
menschliche Gesellschaft wie jeder andere lebendige
Organismus nicht eine homogene Masse, eine gleich-
förmige Summe mehr oder weniger zahlreicher undif-
ferenzierter Individuen ist, sondern eine Organisation,
die sich aus verschiedenartigen und mit der steigenden
Entwicklung immer mehr differenzierten Teilen zusammensetzt.

Wie ein Protozoon fast nur aus homogenem Protoplasma besteht, gegenüber der Mannigfaltigkeit der
ein Säugetier zusammensetzenden Gewebe, so besteht
eine führerlose Horde primitiver Wilder aus wenigen
Familien, die fast nur in einem blossen Nebeneinander materieller Nachbarschaft dahinleben, während
ein gesellschaftliches Gebilde aus historischer Zeit
oder aus der Gegenwart sich aus voneinander verschiedenen Klassen zusammensetzt, die sich teils durch ihre
eigenartige psychophysische Veranlagung, teils durch
eine Summe von Traditionen und Gewohnheiten der
Lebensführung und gesellschaftlichen Bethätigung
unterscheiden. [1]

---

[1] Eine überraschende Analogie des socialen Klassenkampfes
ist durch den Kampf der Teile im Organismus gegeben, der nach
dem von W. Roux und neuerdings von Metschnikow geführten
Nachweise eine wesentliche Bedingung der embryonalen Entwicklung und des normalen Lebensprozesses aller Metazoen ist. Dieser

Derart von einander verschiedene Klassen können
streng registriert sein, wie die in Indien vom Brah-
minen zum Sudra reichenden Kasten, oder wie die
des mittelalterlichen Europa vom Kaiser und Papst
bis zum Vasallen und Zünftler, sodass die verschiedenen Klassen die Individuen, welche ihnen durch
den blossen Zufall der Geburt zugehören, nicht aus-
tauschen dürfen, oder sie können allmählich ihre ge-
setzliche Abgrenzung verlieren, wie in Europa und
Amerika nach der französischen Revolution, sodass
ausnahmsweise ein Individuum in eine andre Klasse
übergeht, sozusagen durch sociale Kapillarität, wie
etwa die Moleküle einer Lösung in einem osmo-
tischen Prozesse. [1] Immerhin jedoch bestehen diese
verschiedenen Klassen als höchst reale, jeder gesetzlichen Nivellierung widerstrebende Thatsachen, solange der ursprüngliche Grund ihrer Verschiedenheit wirkt.

Gerade KARL MARX hat klarer als irgend ein
anderer diese *raison d'être* in dem Wechselspiel
sociologischer Erscheinungen und der Mannigfaltigkeit der wirtschaftlichen Zustände aufgefunden und
verständlich gemacht.

So sehr die Namen, die Einkleidungen und Rück-
wirkungen in jeder Phase des gesellschaftlichen Lebens
wechseln, stets ist der tragische Hintergrund des
menschlichen Lebens der Gegensatz zwischen den

Kampf der Teile ergänzt als ein allgemeines Gesetz aller Entwicklung, auch der socialen, das Gesetz des Konkurrenzkampfes zwischen
den Individuen. — K.

[1] Dumont, »Dépopulation et civilisation« (Paris 1890).

privilegierten Inhabern der Produktionsmittel, der
Minderheit, und den Besitzlosen, der Mehrzahl.

Krieger und Hirten der primitiven Gesellschaft,
wenn eben erst der anfängliche Kollektivismus durch
die Aneignung des Bodens von seiten der Familie, dann von seiten einzelner beseitigt ist,
Patrizier und Plebejer, Lehnsherren und Vasallen,
Adel und Volk, Bourgeoisie und Proletariat, das alles
sind nur verschiedene Äusserungen der gleichen
Thatsache: Monopol und Reichtum auf der einen,
produktive Arbeit auf der andern Seite.

Nun liegt die grosse Wichtigkeit des Gesetzes
vom Klassenkampf gerade in dem überzeugenden
Nachweise, worin eigentlich der springende Punkt
der socialen Frage besteht und auf welchem Wege
man zu ihrer Lösung kommen kann.

So lange die wirtschaftliche Grundlage der sittlichen, rechtlichen und politischen Zustände nicht in
voller Klarheit nachgewiesen war, ergingen sich
die meisten Bestrebungen nach einer socialen Reform
völlig vag in der Forderung und teilweisen Eroberung blosser Werkzeuge, wie Freiheit des Kul-
tus, politisches Stimmrecht, öffentlicher Unterricht u. s. w. Es lässt sich nicht leugnen, dass
diese Errungenschaften sehr nützlich gewesen sind,
aber das Allerheiligste blieb für die Massen un-
erreichbar und unsichtbar, und gegenüber der in den
Händen weniger Privilegierter liegenden wirtschaftlichen Macht blieb jede andere Errungenschaft oder
Konzession in der Luft hängen, wurzellos und ab-
gelöst von dem fruchtbaren und festen Boden,

der allein auf die Dauer Kraft und Leben geben kann.

Heute, wo der Socialismus, und zwar noch nie mit so wissenschaftlicher Schärfe wie durch MARX, in der Aneignung des persönlichen Eigentums am Boden und an den Produktionsmitteln den springenden Punkt der Frage gefunden hat, heute steht das Problem scharf, klar und unerbittlich vor dem Bewusstsein der modernen Menschheit.

Welches ist nun der Weg zur Abschaffung der Monopolisierung der wirtschaftlichen Herrschaft und ihrer unabsehbaren Gefolgschaft von Ungerechtigkeit, Leiden, Schmerzen und Hass? Es ist der des Klassenkampfes, der daraus entspringt, dass jede Klasse die einmal errungenen Vorteile und Privilegien zu behalten und zu vermehren strebt, und der wirtschaftlich ohnmächtigen Klasse zeigt, dass dieser Kampf, auf dessen Führungsweise ich weiter unten eingehen werde, von Klasse gegen Klasse, nicht von Person gegen Person geführt werden muss. Die Lösung des Problems schreitet nicht um eine Linie fort, wenn man einzelne Individuen der herrschenden Klasse hasst, vergewaltigt und beseitigt; dadurch wird vielmehr die Reaktion eines allgemeinen Widerwillens gegen die Vergewaltigung der Person wachgerufen und zugleich das Princip der Achtung für alles, was Menschenantlitz trägt, verletzt, das der Socialismus so laut verkündigt. Gewaltthaten fördern die Lösung des Problems nicht, denn der gegenwärtige abnorme Zustand des Massenelends

und des Genusses Weniger ist nicht das Ergebnis
des bösen Willens bestimmter Personen.

Auch in dieser Beziehung befindet sich der Socialismus in voller bedeutungsvoller Übereinstimmung mit
der positiven Wissenschaft, die dem Menschen die
Willensfreiheit abspricht, und das menschliche Handeln,
das individuelle wie das kollektive, als ein Ergebnis der
Rasse und des umgebenden Mittels zu begreifen sucht.

Gegenüber den beiden gleich einseitigen Theorieen,
nach denen die Civilisation ausschliesslich die Wirkung entweder des Milieus oder der Rasse ist, habe ich
immer, besonders in meiner Theorie der Faktoren der
Kriminalität behauptet, dass sie stets die Resultante
der gemeisamen Wirkung von Rasse und Milieu ist. [1]

Verbrechen, Selbstmord, Geistesstörung, Elend
sind nicht das Ergebnis des freien Willens, der
persönlichen Schuld, wie der Spiritualismus lehrt,
und ebenso wenig ist der freie Wille des Kapitalisten
schuld daran, wenn der Arbeiter unter schlechtem
Lohn, Arbeitslosigkeit und Elend leidet. Jede sociale
Erscheinung ist das notwendige Ergebnis der vorausgegangenen historischen Bedingungen und des
Milieus, und heute haben, dank dem so erleichterten
und gesteigerten Verkehre aller Länder der Erde,
auch fernliegende und fremdartige Vorgänge einen
Einfluss auf den verwickelten Lauf der Dinge.

Bei der heutigen Gestaltung des ohne Beschrän-
kung erblich übertragbaren und unbegrenzt vermehr-

---

[1] Man vergl. dazu Kap. IV. meines Buches über den Mord
(»Omicidio« etc. [Turin 1894]).

baren Privateigentums, bei der beständig wachsenden
Anwendung wissenschaftlicher Entdeckungen auf die
Bearbeitung des Rohmaterials, unter dem Einflusse
der Dampfkraft, der Elektrizität und des wachsenden
Stroms der Aus- und Einwanderung ist es unver-
meidlich, dass die Existenz der Familien von Bauern,
Arbeitern oder kleinen Gewerbetreibenden mit unsicht-
baren, aber unzerreissbaren Fäden an das gewaltige
Weltleben geknüpft ist, in welchem die Ernteerträge
der Baumwolle, des Kaffees und des Weizens in fernen
Ländern sich nach allen Seiten hin fühlbar machen,
ganz so wie die Veränderungen der Sonnenflecke zum
Faktor der regelmässig wiederkehrenden Krisen der
Landwirtschaft werden und so das Schicksal von
Millionen Menschen bestimmen.

Wie ist es möglich, innerhalb dieses umfassenden
wissenschaftlichen Weltgedankens der Einheit der
Naturkräfte, der Solidarität des Universums noch die
kindliche, ärmliche Vorstellung der Willensfreiheit
und der Verantwortlichkeit des Individuums für die
Geschicke der Menschheit zu hegen?

Wenn ein Socialist darauf verfiele, wenn auch
nur zu Wohlthätigkeitszwecken, ein industrielles
Etablissement für die Beschäftigung Arbeitsloser zu
errichten und einen von der Mode verlassenen oder
ausser Gebrauch gekommenen Gegenstand herzustellen, so würde er unvermeidlich, trotz seiner
menschenfreundlichen Absichten, in Konkurs geraten
unter dem stillen Wirken der wirtschaftlichen Gesetze.
Ein Anhänger des Socialismus, der seinen Arbeitern
doppelt oder dreifach so viel Lohn zahlen wollte,

als üblich ist, würde offenbar auch zu Grunde gehen
aus denselben Ursachen, denn er würde entweder
sein Produkt mit Verlust verkaufen oder es unver-
kauft aufspeichern müssen, wenn sein Preis bei
gleicher Qualität über dem Marktpreis stände. Er
würde fallieren und die Welt würde ihm nur den
Trost gewähren, ihn einen »guten Mann« zu nennen;
ein Titel, der bei der heutigen merkantilen Moral
etwas doppelsinnig ist.

Ich spreche von *merkantiler* Moral nach dem
Vorgange von LETOURNEAU, der in seinem Buche
L'Evolution de la morale vier Phasen der Moral
unterscheidet: die *tierische*, die *wilde*, die *barbarische*
und die *merkantile* (bürgerliche), der eine Phase
höher entwickelter Moral folgen soll, welche MALON
als die der *socialen* Moral bezeichnet.

Abgesehen also von einer grösseren oder ge-
ringeren Kordialität der Beziehungen zwischen Arbeitgeber und Arbeitnehmer wird ihre gegenseitige
wirtschaftliche Stellung ganz und gar durch die gegenwärtige Gesellschaftsordnung vorgeschrieben, nach
dem Gesetze der Mehrwertsaneignung, durch welches
MARX unwiderleglich zeigte, wie der Arbeitgeber
Kapital ansammeln kann, ohne zu arbeiten, allein weil
der Arbeiter an jedem Arbeitstage einen höheren
Wert produziert, als der erhaltene Lohn beträgt, —
ein Mehrwert, der dem Kapitalisten ohne weiteres
und mühelos zufällt, auch wenn man von seinem
Profit schon ein wirkliches Salär für die auf die
technische Verwaltungsleitung von ihm aufgewandte
Arbeit in Abrechnung bringt.

Die der Sonne und dem Regen überlassene Erde bringt
von selbst keinen Wein oder Weizen hervor, die Erze
entsteigen dem Schoose der Berge nicht von selbst
und ein Haufe von Goldstücken vermehrt sich im Geldschranke nicht von selbst, wie eine Rinderheerde auf
der Weide. Die Erzeugung des Kapitals rührt ausschliesslich von einer Veränderung des Rohmaterials
durch menschliche Arbeit her. Nur weil der Land-
mann den Boden umgräbt, der Bergmann das Erz
gräbt, der Arbeiter die Maschine in Gang hält, der
Chemiker seine Stoffe mischt, der Ingenieur eine
Maschine konstruiert u. s. w. u. s. w., kann der
Grundbesitzer oder der Kapitalist, ohne etwas anderes
als eine Erbschaft gethan oder mühelos sich von seinen
Gütern »absentiert« zu haben, jedes Jahr sicher auf
ein Produkt rechnen, das andere für ihn im Austausch
gegen eine elende Wohnung und ein karges Brot
schaffen, oft zugleich durch die Miasmen der Reis-
felder oder Sümpfe, das Gas der Minen und Fabriken
vergiftet, und ohne eine menschenwürdige Existenz.
Auch unter dem Systeme der *mezzadria*, [1] die als
praktischer Socialismus gerühmt wird, bleibt es
immer noch ein Wunder, wie in das Haus des
Grundbesitzers, der doch nicht arbeitet, Korn, Öl
und Wein in einer zum behaglichen Leben genügenden
Menge kommen, während der Pächter jeden Tag
schwer arbeiten muss, um Brot für sich und seine

---

[1] Ein besonderer Pachtvertrag in Mittelitalien, nach welchem
der Pächter den gesamten Naturalertrag seiner Parzelle abliefern
muss, bis auf die Hälfte der Körnerfrüchte, ein Drittel des Oels
etc., die ihm verbleiben. — K.

Familie zu haben. Bei der *messadria* fehlt wenigstens das Schlimmste, die Unsicherheit des Auskommens, die Schrecken der Arbeitslosigkeit, die den Tagelöhnern auf dem Lande und in der Stadt beständig drohen. Aber im wesentlichen bleibt auch unter diesem musterhaften Vertrage das Problem dasselbe, und es kommen immer zehn, die arbeiten und schlecht leben, auf einen, der gut lebt, ohne zu arbeiten. [1]

So ist die Struktur des Privateigentums beschaffen und das sind seine auch gegen den Willen des Besitzenden auftretenden Wirkungen. Deswegen ist jedes Vorgehen gegen irgend. eine einzelne Person zwecklos und unfruchtbar; die ganze Richtung der Gesellschaft muss verwandelt, die ganze Institution des Privateigentums aufgehoben werden, nicht durch ›Teilung‹, wie man gemeinhin sagt — was nur ein akuteres und jämmerlicheres neues Eigentum ergeben würde, das nach einem Jahr wieder dem Spiel der freien Konkurrenz verfallen würde, — sondern an seine Stelle hat das kollektive und sociale Eigentum am Boden und an den Produktionsmitteln zu treten, eine Umwandlung, die allerdings nicht durch eine Kabinetsordre zu erreichen ist, wie manche dem Socialismus insinuieren wollen, die dagegen schon im Gange ist und von Stunde zu Stunde, von einem Tag zum anderen direkt oder indirekt zunimmt; direkt, denn die Civilisation besteht in einer beständigen Ersetzung individueller Besitztümer und Funktionen durch sociale. Wegebau, Eisenbahn, Post, Städteerleuchtung, Wasser-

---

[1] Vgl. Biel, ›Ai contadini toscani‹, 1894.

versorgung, Museen, Unterricht u. s. w. waren vor
ein paar Jahrzehnten noch in den Händen Privater,
jetzt sind sie sociale Besitztümer und man kann
doch kaum annehmen, dass dieser direkte Prozess
der Socialisierung gerade jetzt zum Stillstand kommen
sollte, wo alle lebensfähigen Regungen des modernen
Lebens eine Beschleunigung erfahren; indirekt, als
schliessliches Ergebnis des wirtschaftlichen Individualismus, dessen Träger als Bourgeois bezeichnet
werden, nach den braven Bürgern des Mittelalters,
die sich im Schutze des Feudalschlosses oder im
Schatten der Kirche ansiedelten und nach langer
und zielbewusster Arbeit gegen Ende des vorigen
Jahrhunderts ihre Revolution machten, durch die
sie in den Besitz der Gewalt kamen, um nun glänzende Seiten der Geschichte durch nationale Freiheits-
kämpfe und wunderbare Anwendung der Wissenschaft auf die Technik auszufüllen. Trotzdem geben
sie heute auf der absteigenden Linie ihres Entwicklungs-
ganges unverkennbare Zeichen der Zersetzung, die übrigens stets unvermeidlich ist, wenn die Gesellschaft
sich in einer anderen Entwicklungsphase erneuern soll.

Der wirtschaftliche Individualismus bedingt in
seinen letzten Konsequenzen die fortschreitende Kon-
zentrierung des Eigentums auf eine immer kleinere
Zahl von Vermögen. Das Wort »Milliardair« ist eine
Neubildung des 19ten Jahrhunderts und drückt
in anschaulicher Weise die Thatsache aus, auf welche
HENRY GEORGE das geschichtliche Gesetz des wirtschaftlichen Individualismus zurückführt und nach
welchem die Reichen immer reicher und die Armen

immer ärmer werden. Je beschränkter die Zahl derer ist, die im Besitze des Bodens und der Produktionsmittel sind, desto leichter wird offenbar, mit oder ohne Entschädigung, ihre Ersetzung durch einen einzelnen Eigentümer, der kein anderer ist und sein kann als die Gesellschaft. Der Boden ist die physische Grundlage des Gesellschaftsbaues und es ist deshalb eine Absurdität, dass er wenigen Individuen und nicht der ganzen socialen Gemeinschaft gehört. Es ist das fast so absurd, als wenn ein paar Grandseigneurs ein Luftmonopol besässen. Expropriierung ist das letzte Ziel des Socialismus, das aber offenbar nicht zu erreichen ist, wenn man diesen oder jenen Eigentümer, diesen oder jenen Kapitalisten ins Auge fasst; wollte man das, so wäre dies eine individualistische Kampfesweise, die ergebnislos bleiben müsste, oder doch nur geringe, halbe und provisorische Resultate unter ungeheurem Kraftaufwand erlangen würde.

Wenn ich deshalb einen Politiker sehe, der sich in einem täglichen Protest, in unendlichen persönlichen Anekdoten, kämpfend abmüht und an dessen monotonen Redestrom sich schliesslich Parlament und Publikum gewöhnen und wohl befinden, dann erscheint er mir wie ein phantastischer Hygieniker, der, um einen Sumpf bewohnbar zu machen, mit dem Revolver nach den einzelnen Mücken schiesst, anstatt dem Miasma mit einer tüchtigen Drainirung zu Leibe zu gehen. Deshalb fort mit dem Kampf und der Gewalt gegen Personen und auf zum Klassenkampf, zum Kampf in dem Sinne, einer ungeheuren Arbeiterschar aller Gewerbe und Berufsarten das Bewusstsein

dieser fundamentalen Wahrheit und des Interessen-
gegensatzes gegenüber der herrschenden Klasse zu
geben, um nach planmässiger Organisation in den
Besitz der wirtschaftlichen Macht vermittels derjenigen anderen Kräfte des öffentlichen Lebens zu
gelangen, welche die heutige Civilisation freien
Völkern gewährt. Wohl lässt sich annehmen, dass
überall die herrschenden Klassen, ehe sie nachgeben,
die verfassungsmässigen Freiheiten einschränken und
aufheben werden, die ihnen unschädlich waren, solange sie von einer nicht organisierten Arbeiterklasse gebraucht wurden, die wie hypnotisiert rein
politischen Parteien Folge leisteten; bis vor kurzem
sind ja die Radikalen, welche die Stimmen der Arbeiter besassen, gegenüber den Grundfragen der Ge-
selllschaftsordnung und des Eigentums höchst konservativ gewesen.

Deshalb: Klassenkampf, Kampf der einen Klasse
gegen die andere, und mit Mitteln, welche ich unten
erörtern werde, bei der Untersuchung der verschiedenen
Formen socialer Neugestaltung. Klassenkampf aber
im Darwinschen Sinne, ein Kampf, der in der menschlichen Geschichte das grossartige Drama des Kampfes
ums Dasein zwischen verschiedenen Arten wiederholt,
anstatt sich zu einem wilden und zwecklosen Faust-
kampf von Mann zu Mann zu erniedrigen.

Ich will an diesem Punkte stehen bleiben, denn
die Erörterung der übereinstimmenden Beziehungen
zwischen Darwinismus und Socialismus lässt sich noch
erheblich weiter fortsetzen, mit dem Ergebnis der
Zurückweisung des angeblich zwischen den beiden

Hauptströmungen der heutigen Wissenschaft bestehenden Gegensatzes.

Zu den scharfsinnigen Beobachtungen VIRCHOW's über die Übereinstimmung von Darwinismus und Socialismus macht LEOPOLD JACOBY folgende historische Bemerkungen: »Im Jahre 1859 erschien zugleich mit dem Hauptwerk DARWIN's ein Buch, das von ganz anderen Voraussetzungen aus auf dasselbe Ziel hinwirkte und den Anstoss zu einer völligen Umgestaltung der socialen Wissenschaften gab, das jedoch lange unbeobachtet blieb, es trug den Titel: *Zur Kritik der politischen Ökonomie* von KARL MARX, und war der Vorläufer seines grossen Werkes *Das Kapital.* Was DARWIN's Werk über die Entstehung der Arten für die Entwicklung des organischen Lebens bis zum Menschen bedeutet, das bedeutet die Arbeit von MARX für die Entstehung und Entwicklung der menschlichen Gemeinschaften, der Staaten und der socialen Formen der Menschheit«. [1]

Darum ist Deutschland, ganz wie es den fruchtbarsten Boden für die Entwicklung des Darwinismus abgegeben hat, auch das Feld für die bewusste, geordnete und unbesiegbare Propaganda der socialistischen Ideen geworden. So kann man denn auch in Berlin in den Schaufenstern der Buchhändler, welche socialistische Litteratur führen, den Ehrenplatz von den Werken CHARLES DARWIN's neben denen von KARL MARX eingenommen sehen.

---

[1] L. Jacoby, »L'Idée de l'évolution«; vgl. »Biblioteca dell' Economista«, Bd. IX, p. 69.

Die von NÄGELI und neuerdings von WEISSMANN
gegen die Lehre DARWIN'S von der Vererbung erworbener Eigenschaften gemachten Einwürfe, deren bei-
fällige Aufnahme zum Teil wohl durch die Beziehungen
zwischen Darwinismus und Socialismus sich erklärt,
richten sich nur gegen sekundäre Punkte der Darwinschen Lehre, deren Kern davon unberührt bleibt.   Ich
verweise   auf die   Abfertigung WEISSMANN'S   durch
SPENCER (Paris 1894), p. 287.[1]

---

[1] Es wirkt fast komisch, wenn man sieht, in welcher Weise
Prof. H. E. Ziegler den Socialismus durch eine auf Erregung von
Schauer berechnete Schilderung des Kampfes ums Dasein abzufertigen
sucht. Zu diesem Zwecke citiert er p. 77 unter anderem einen
Vortrag von Erker, wo im Tone gewisser Fibellesestücke erzählt
wird, wie die Hochseekrabben von Fischen verzehrt werden, die
Fische von Delphinen und wie so »das Jagen und Fressen in der
Natur weiter geht«. Also mit der grandiosen Entdeckung, dass es
auch Nichtvegetarianer unter den Tieren giebt, soll der Socialismus
abgefertigt werden.

Herr E. H. Ziegler, der sich doch (vgl. Seite 15 seines Buches)
viel über seine Carriere den Kopf zerbricht, wird doch nicht glauben,
dass der famose Konkurrenzkampf in akademischen Kreisen durch
Auffressen der Konkurrenten geführt wird. Dass ein strebsamer
»struggleforlifeur« zu anderen Mitteln greift, um im Konkurrenzkampf
in die Zahl der »passendsten« zu kommen, das zeigt ja sein eigenes
Buch, das — ut desint vires, tamen est laudanda voluntas — doch
vielleicht ein Ordinariat wert ist. — K.

II. TEIL.

ENTWICKLUNGSLEHRE UND SOCIALISMUS

Auch von der allgemeinen Entwicklungstheorie, die, abgesehen von einzelnen anfechtbaren Punkten, das Lebenselement alles wissenschaftlichen Denkens unserer Zeit bildet, hat man behaupten wollen, sie stände in ausgesprochenem Gegensatz zu den Theorieen und den praktischen Idealen des Socialismus.

Hier handelt es sich aber offenbar um einen Irrtum.

Wenn man unter Socialismus alle jene wechselnden sentimentalen Bestrebungen versteht, die oft genug in erkünstelten utopistischen Schöpfungen ihren Ausdruck gefunden haben und die mit einem Zauberschlage die Welt, in der wir leben, umgestalten möchten, dann ist es vollkommen richtig, zu behaupten, dass die wissenschaftliche Entwicklungstheorie alle Vorurteile und Illusionen dieser reaktionären oder revolutionären, jedenfalls immer romantischen, Luftschlosspolitik verurteilen muss.

Zum Unglück für unsere Gegner ist nun aber der Socialismus von heute eine ganz andere Sache, als der der Zeit vor MARX. Er hat, abgesehen von dem

Proteste gegen die gegenwärtigen unhaltbaren Zustände und der Hoffnung auf eine bessere Zukunft, nichts mit jenem früheren Socialismus gemein — weder in seinem logischen Aufbau noch in seinen Forderungen, — nichts als ein deutliches, ja dank den Lehren der Entwicklungstheorie, mit mathematischer Genauigkeit gezeichnetes, Bild einer zukünftigen Weltordnung, die auf den Kollektivbesitz des Bodens und der Produktionsmittel gegründet ist.

Eine nähere Untersuchung der drei wesentlichsten — angeblichen — Widersprüche, die zwischen dem Socialismus und der wissenschaftlichen Entwicklungslehre bestehen sollen, wird diese Behauptung beweisen.

In der That stammt der Marxistische Socialismus in direkter Linie von der wissenschaftlichen Entwicklungslehre ab, ja er ist eigentlich nichts anderes als die logische und konsequente Anwendung evolutionistischer Theorieen auf das wirtschaftliche Gebiet.

VIII.

DIE NATIONALÖKONOMIE UND DER SOCIALISMUS IM LICHTE DER ENTWICKLUNGSLEHRE.

Der Socialismus lehrt, dass unsere heutigen wirtschaftlichen Zustände nichts Bleibendes, Unveränderliches sind, vielmehr nur ein Durchgangsstadium in der socialen Entwicklung, dem eine andere Phase, eine ganz anders gestaltete, sociale Ordnung folgen wird.

Dass diese Neugestaltung der Dinge in kollektivistischem und socialistischem, nicht in individualistischem, Sinne geschehen wird, eben das geht als positiver letzter Schluss aus einer Untersuchung der Beziehungen zwischen Darwinismus und Socialismus hervor.

Hier will ich nun zunächst feststellen, dass die Grundidee des Socialismus, abgesehen von den Einzelheiten der neuen Ordnung der Dinge, auf welche ich später zurückkommen werde, zu der wissenschaftlichen Entwicklungslehre in keinem Gegensatz steht.

Worin besteht denn die wesentliche Meinungsverschiedenheit zwischen der Nationalökonomie der bürgerlichen Parteien und dem Socialismus? Die klassische Nationalökonomie behauptet und hat behauptet, dass die von ihr untersuchten und erläuterten wirtschaftlichen Gesetze der Produktion und Distribution des Reichtums Naturgesetze sind. Naturgesetze aber nicht in dem Sinne, dass sie mit Naturnotwendigkeit bedingt wären durch die Eigenschaften des socialen Organismus (was ganz richtig wäre), sondern in dem Sinne, dass sie absolute Gesetze sind, immanente Attribute der Menschheit zu allen Zeiten und an allen Orten, deshalb in ewigen Angeln ruhend, wenn auch in ihren besonderen Anwendungen geringfügiger und nebensächlicher Modifikationen fähig.[1]

Der wissenschaftliche Socialismus stellt dagegen die These auf, dass die von der Nationalökonomie seit ADAM SMITH aufgestellten Gesetze zwar auf die gegenwärtigen Zustände der civilisierten Menschheit passen und somit eine relative Giltigkeit haben für den Zeitpunkt, dessen Analyse sie entstammen, dass sie aber der Wirklichkeit nicht mehr entsprechen, wenn man sie auf das Altertum oder prähistorische Zeiten anwenden will, und dass durch sie ebenso wenig alle Zukunftsregungen petrifiziert werden dürfen.

Es kann keinem Zweifel unterliegen, ob die klassische oder die socialistische These mehr mit der wissenschaftlichen Theorie der allgemeinen Entwick-

---

[1] Man vergl. Höffdings, des hervorragendsten modernen Vertreters der Entwicklungsphilosophie, Kritik dieser sogenannten Naturgesetze in seiner ›Ethik‹, XXI, 4. — K.

lung übereinstimmt. Die von HERBERT SPENCER genial
begründete Philosophie der Entwicklung, welche die
von der historischen Rechts- und Volkswirtschaftschule
eingeleitete Richtung fruchtbar gefördert und weiter
geführt hat, hat dem modernen Forscher einen un-
entbehrlichen Kompass in dem Gedanken gegeben:
dass alles in Fluss ist, dass die Gegenwart — ein Glied
im ganzen Weltprozess — nur die Resultante voraus-
gehender, natürlicher, notwendiger Umwandlungen
ist, die in die Unendlichkeit der Zeit zurückreichen,
und dass die Zukunft zweifellos von der Gegenwart
verschieden sein wird, wie die Gegenwart es von
der Vergangenheit ist.

Die Lehre SPENCER's [1] hat damit nur auf dem
gesamten Gebiete menschlicher Erkenntnis den wissenschaftlichen Beweis für die beiden abstrakten Gedanken
von LEIBNITZ und HEGEL gegeben, dass »die Gegenwart die Tochter der Vergangenheit, aber die Mutter
der Zukunft ist«, und dass »nichts ist, sondern alles
wird«. Vor allen Dingen hat LYELL auf geologischem
Gebiete mit bewunderungswürdiger Klarheit nachgewiesen, dass man in der Theorie der Formenentwick-
lung unseres Planeten an Stelle der traditionellen
Vorstellung von plötzlichen Katastrophen den wissenschaftlichen Begriff der täglichen und allmählichen
Umwandlung der Erdrinde setzen müsste. Freilich

---

[1] Eine geistreiche Darstellung der naturwissenschaftlichen Grundlage der Entwicklungstheorie hat Morselli gegeben (»Antropologia
generale«), eine treffende Darstellung der Entwicklungsphilosophie
Spencer's findet sich in Höffding's »Einleitung in die englische
Philosophie unserer Zeit« (Leipzig 1889), p. 159—249.

ist das encyklopädische Wissen SPENCER's unzureichend
auf dem Gebiete der politischen Ökonomie, wenigstens
hat er ein solches auf diesem Gebiete nicht in
dem Masse an den Tag gelegt, wie auf dem naturwissenschaftlichen; trotzdem aber bleibt der Socialismus in seinen lebensvollen Gedanken nur die
logische Anwendung der wissenschaftlichen Entwicklungstheorie auf das Sondergebiet der wirtschaftlichen
Thatsachen.

Deshalb gerade ist KARL MARX der Vollender der
von DARWIN und SPENCER ausgehenden wissenschaftlichen Revolution; das zeigt sich schon in seinem
berühmten Manifeste aus dem Jahre 1847, das er zu-
sammen mit ENGELS 10 Jahre vor SPENCER's *First Principles* herausgegeben hat und dessen klare und mäch-
tige Synthese bewunderungswürdig ist; seine späteren
Hauptschriften, *Die Kritik der politischen Ökonomie*,
(1859) und *Das Kapital* (1867), geben eine Ausführung und Begründung der Grundgedanken.

Während die alte metaphysische Denkweise
Moral, Recht und Volkswirtschaft als Ausfluss ab-
soluter und ewiger Gesetze im Sinne platonischen
Denkens betrachtete, ihren Blick nur auf die historische Zeit richtete und kein anderes Forschungs-
instrument anwendete als die deduktive Phantasie
der Philosophen, durch welche Generationen in den
Gedankenkreis des Absoluten und des Dualismus ge-
bannt waren, erhebt sich die positive Wissenschaft
zu der gewaltigen Synthese des Monismus. Für
diesen giebt es nur ein, Kraft und Stoff in untrenn-
barer Einheit in sich fassendes, Wirklichkeitsphänomen,·

das in beständiger Bewegung immer neue Formen
annimmt, nach den Normen von Raum und Zeit, und
hat sie so die Richtung des modernen Gedankens völlig
verändert. Für die positive Wissenschaft sind
Moral, Recht und Politik nur Konstruktionen auf
Grundlage der wirtschaftlichen Verfassung, mit der
sie sich ändern von einem Breitengrade zum anderen
und von einem Jahrhundert zum anderen.

Dies ist der grosse, geniale Gedanke, den KARL MARX
in der *Kritik der politischen Ökonomie* verwertet hat,
die ich weiter unten näher erörtern werde, soweit sie
den einheitlichen Ursprung der Kulturzustände berührt;
an dieser Stelle ist ein anderer Gedanke derselben zu
erwähnen, der sich mit der beständigen unbegrenzten
Variabilität des wirtschaftlichen Lebens von prähistorischen Zeiten an bis auf den heutigen Tag beschäftigt.

Alles wechselt, ethische Normen, religiöse Dog-
men, Normen des bürgerlichen und des Strafrechts,
Staatsordnungen, alles ist relativ, hängt von dem
historischen und geographischen Mittel ab, in dem
es zur Beobachtung kommt.

In Europa und Amerika ist der Elternmord das
schwerste Verbrechen, auf Sumatra aber ist es eine
verdienstliche und durch die Religion geheiligte Handlung, und die Menschenfresserei ist heute in Central-
afrika so erlaubt, wie im prähistorischen Europa.

Die Familie, die in dem ursprünglichen Zustande
der Promiscuität kaum angedeutet ist, gewinnt eine
regelmässige Gestalt in der Polyandrie und dem
Matriarchat, wenn spärliche Lebensmittel eine geringere
Bevölkerungszunahme wünschenswert machen. Sie

geht über in Polygamie und zum Patriarchat, wenn
dieses wirtschaftliche Motiv nicht mehr absolut über-
wiegt, um schliesslich in der historischen Welt die
monogamische Form anzunehmen,· die sicher die
beste und bis heute höchste ist, so sehr sie auch
von dem konventionellen Zwange der Unlösbarkeit
und der verschleierten, legalisierten Prostitution,
welche sie in der Gegenwart beflecken, befreit zu
werden verdient. Sollte nun die Ordnung der Besitz-
verhältnisse allein ewig unverändert bleiben in dieser
ungeheuren Strömung socialer Einrichtungen und
ethischer Grundsätze, die in beständiger tiefer Gärung
und Umwandlung begriffen sind? Sollte das Eigentum
in seiner Form des privaten Monopols am Boden und
den Produktionsmitteln das einzige ewige und unver-
änderliche von allen Phänomen sein? Das ist aber
die These der nationalökonomischen und juristischen
Orthodoxie, in deren Mitte nur die kleine Gruppe der
wissenschaftlich und politisch Radikalen bereit ist,
der Entwicklungstheorie die kleine Konzession zu
machen, dass die sekundären Institutionen des socialen
Lebens veränderlich sein mögen, dass ihre missbräuch-
lichen Folgen sich mildern liessen, dass man aber nicht
an das Princip rühren dürfe. Hiernach ist es wenigen
Individuen erlaubt, sich den Boden und die Produktionsmittel anzueignen, welche Lebensbedingungen für
die gesamte Gesellschaft sind und somit also für immer
den wenigen unterworfen blieben, welche die natürlichen Grundlagen des Lebens in ihrer Gewalt haben.
Diese Stellung der kämpfenden Parteien spiegelt genau die Gegensätze wieder, die auch in der Frage nach

der Willensfreiheit bestehen, in der sich die alte Metaphysik und der moderne Monismus gleich unversöhn-
lich gegenüberstehen, während eine Vermittlungspartei
zwar die Willensfreiheit nicht absolut gelten lassen
will, aber meint, ein bischen davon müsse man doch
anerkennen, sonst gebe es weder Unschuld noch
Schuld, weder Verdienst noch Laster. [1] Auch hier
stehen sich Konservative und Positivisten gegenüber,
und die experimentell begründete wissenschaftliche
Überzeugung ist die der letzteren; der bequeme
Eklekticismus aber setzt sich zwischen zwei Stühle
und bestätigt so die socialistische Lehre, dass es nur
zwei verschiedene Parteien giebt, die individualistische (die Konservativen, die Liberalen und die
Radikalen) und die socialistische.

Nachdem so die beiden fundamentalen Sätze klar
und einfach dargelegt worden sind — der der klas-
sischen Ökonomie und Jurisprudenz und der der
heterodoxen Rechts- und Gesellschaftslehre — ist
der erste Punkt der Kontroverse dahin entschieden,
dass in allen Fällen die Entwicklungslehre mit den
Schlussfolgerungen des Socialismus in vollkommener
Übereinstimmung steht, dass sie dagegen den antisocialistischen Behauptungen der wirtschaftlichen und
rechtlichen Verknöcherung entschieden widerspricht.

---

[1] Dieser Gegensatz in der Frage der Willensfreiheit ist ganz,
wie Ferri es hier andeutet, zum Ausdrucke gekommen in der Diskussion des »Vereins Deutscher Irrenärzte« über »Criminal-Psycho-
logie« im September 1894, zwischen Pelman, Lommer und dem
Übersetzer dieser Schrift. — K.

IX.

DAS GESETZ DES ANSCHEINENDEN RÜCK-
SCHRITTS UND DAS KOLLEKTIV-EIGENTUM.

Die Gegner des Socialismus haben zwar zugegeben, dass derselbe durch seine Forderung einer
Umwandlung der Gesellschaft mit der Entwicklungstheorie übereinzustimmen scheine, aber daraus folge
noch nicht die Haltbarkeit seiner Schlussfolgerungen,
besonders nicht die seiner Forderung, das sociale
Eigentum an Stelle des individuellen zu setzen,
vielmehr verstiesse dieselbe gerade gegen die Entwicklungslehre und wäre deshalb zum mindesten
absurd und utopistisch. Der Hauptwiderspruch
zwischen Socialismus und Evolutionismus bestände
darin, dass die Rückkehr zum Kollektiv-Eigentum
am Grund und Boden zugleich einen Rückfall
in ursprüngliche und wilde Kulturzustände bedeute.
Der Socialismus wolle somit zwar eine Umgestaltung aber eine nach rückwärts, gegen den Strom
der gesellschaftlichen Entwicklung gerichtete, deren
Gang von ursprünglich agrarischem Kollektivismus
zu dem gegenwärtigen System des individuellen

Eigentums, dieses Zeichens einer vorgeschrittenen Kultur, gewesen wäre. Der Socialismus repräsentiere also in diesem Falle eine Rückkehr zur Barbarei.

An diesem Einwande ist die Bemerkung vollkommen richtig, dass der Kollektivismus des Eigentums in mancher Beziehung eine Rückkehr zu primitiver gesellschaftlicher Ordnung bedeuten würde. Aber die daraus gezogenen Schlüsse sind durchaus irrig und unwissenschaftlich, denn sie sind unter völliger Ignorierung eines wichtigen Entwicklungsgesetzes gezogen worden, das wenig beachtet wird, deshalb aber nicht weniger wahr ist. Dasselbe hat der leider früh verstorbene französische Arzt DUMONT [1] zuerst formuliert; auch ich habe darauf hingedeutet, noch ehe ich als Politiker mich zum Socialismus bekannte, seine Bedeutung in meiner Darstellung der *kriminellen Sociologie* erläutert und es neuerdings in einer Diskussion mit MORSELLI begründet.

Dieses Gesetz lehrt, dass die Umkehr gesellschaftlicher Einrichtungen zu primitiven Formen und Merkmalen eine konstante Erscheinung ist. Schon COGNETTI DE MARTIIS hat 1881 in seinem Buche über die primitiven Formen der wirtschaftlichen Entwicklung eine vage Intuition dieses Gesetzes verraten, indem er dieses Werk mit der unbestimmten Andeutung schliesst, dass in der künftigen wirtschaft-

---

[1] L. Dumont, »Transformisme et socialisme« (»Revue socialiste«, Januar 1885). — Ferri, »Sociologia Criminale« (1892), p. 420 ff.; derselbe, »Divorzio e sociologia« («Scuola Positiva«, 1893, No. 16).

lichen Entwicklung möglicherweise primitive Formen
wieder auftreten könnten, wie sie am Anfang dieser
Entwicklung vorherrschen. [1]

Ich erinnere mich daran, dass ich während meiner
Studienzeit in Bologna meinen Lehrer CARDUCCI öfter
davon habe sprechen hören, dass in den Formen und
im Inhalt der Litteratur der neueste Fortschritt nichts
ist, als das Wiederauftreten der Form und des In-
halts der ersten litterarischen Erscheinungen der
orientalisch-griechischen Welt; übrigens ist auch der
heutige wissenschaftliche Monismus, der die gesamte
Entwicklung belebt und die definitive Errungenschaft
des Denkens gegenüber der Welt der Erscheinungen
ist, in gewisser Beziehung nur die Rückkehr zu den
Ideen griechischer Philosophen und des grossen
Gedankendichters LUKREZ nach einer langen Zeit
metaphysischen Schwärmens und Schweifens.   Zahlreiche und überzeugende Beispiele beweisen eine
derartige Rückkehr zu ursprünglichen Formen des
socialen Lebens.

Ich habe schon oben darauf hingewiesen, dass
die religiöse Entwicklung einen ähnlichen Gang zeigt;
in der Kindheit der Menschheit hoffte man, im Diesseits selig zu werden, es folgte die lange Epoche
der Jenseitshoffnungen, und heute sucht man das
Paradies wieder in der diesseitigen Existenz der
Menschheit, nur dass man es für die kommenden
Generationen, nicht für die Gegenwart hofft.

-----

[1] Cognetti de Martiis, »Le forme primitive nell' evoluzione
economica« (Turin 1881).

SPENCER hat in seiner Sociologie gezeigt, dass in der Politik der Wille aller Volksgenossen, der eigentliche Souverän in ursprünglichen Zuständen, allmählich dem Willen eines Einzelnen und später dem einer Minderheit weicht, einer privilegierten Klasse, die durch Geburt, Census, Beruf, Kriegsdienst u. s. w. sich unterscheidet, und dass der Wille der Gesamtheit schliesslich in der Form der Demokratie wieder nach der Souveränetät strebt, in der Form des allgemeinen Stimmrechts, des Referendums, der unmittelbaren Gesetzgebung durch das Volk u. s. w.

Das Strafrecht, das ursprünglich als eine einfache Abwehr gegen antisociale Handlungen auftritt, strebt nach Wiederherstellung des Schutzzweckes der Strafe und nach Befreiung von allen theologisierenden Ansprüchen auf sühnende Gerechtigkeit, welche durch die Hypothese der Willlensfreiheit in den ursprünglichen Schutzgedanken hineingelangt sind. Die moderne Erforschung der natürlichen und socialen Faktoren des Verbrechens hat die Absurdität und Unmöglichkeit nachgewiesen, die Schuld des Verbrechers durch Gesetzgebung und Rechtsprechung zu wägen und zu messen und das Strafmass danach zu bestimmen; sie hat vielmehr gezeigt, dass man sich darauf beschränken muss, Personen, die nicht in das bürgerliche Leben hereinpassen, vorübergehend oder dauernd aus demselben zu entfernen, wie das unter geordneten Verhältnissen mit Irren und mit an Infektionskrankheit leidenden Individuen zu geschehen hat.

Ganz analog verhält sich die Entwicklung der Ehe. Die Leichtigkeit, mit der sie unter primitiven

Verhältnissen gelöst werden konnte, ging unter der
rigorosen Herrschaft der Theologie und der spiri-
tualistischen Weltanschauung verloren; man glaubte
im Bannkreise dieser Idee, dass der ›freie Wille‹
durch sein Ja das Geschick des Menschen für ewige
Zeiten bestimmen könne und müsse, durch ein
Wörtchen, das in einem so wenig stabilen Seelen-
zustande ausgesprochen wird, wie dem von Bräuti-
gam und Braut. Die Erfahrung und die Notwendig-
keit verlangen aber die Rückkehr zu der freien,
einfachen Form der Verbindung, und schon heute
bedeutet die zunehmende Leichtigkeit und Häufig-
keit der Ehescheidung eine Rückkehr zu den Ur-
sprüngen der Ehe, die eine Gesundung der Familie,
dieses Elementarorganismus der Gesellschaft, bedeutet.

Das gilt auch für die Besitzordnung, bei der
selbst SPENCER eine Tendenz, zum ursprünglichen
Kollektivismus zurückzukehren, anerkennen musste,
nachdem, wie er zugegeben hat, die Aneignung des
Bodens erst durch die Familie, dann durch das Individuum aufs Äusserste getrieben worden ist; ist
doch in manchen Ländern (lex Torrens)[1] der Boden
eine Art bewegliches Eigentum geworden und ebenso leicht übertragbar wie eine Aktie irgend einer
Gesellschaft.

Als Beleg dafür gebe ich die hierher gehörende
Äusserung desselben SPENCER, der sonst als Indivi-
dualist gilt:

---

[1] Dieses 1858 in Australien von Torrens durchgebrachte Gesetz
erleichtert durch eine Art von Hypothekenbriefen ungemein die
Uebertragung von Grundeigentum.

»Auf den ersten Blick liegt die Schlussfolgerung nahe, dass das absolute private Eigentum am Boden den definitiven Zustand darstellt, zu dessen Herbeiführung die industrielle Periode bestimmt ist. Indessen kann man bestreiten, dass der definitive Zustand bisher erreicht sei, obwohl der Industrialismus bisher die Wirkung gehabt hat, jeden Besitz in individuelles Eigentum zu verwandeln«.

»Man hat einst Eigentumsrechte an menschlichen Wesen anerkannt, die heute nicht mehr gelten. Vor ein paar Hundert Jahren hätte man glauben können, dass der Grundsatz des Eigentums des Menschen am Menschen sich im Prozesse einer definitiven Befestigung befände.[1] Aber die Civilisation hat in einer weiteren Entwicklungsepoche eine andere Richtung eingeschlagen und das Eigentumsrecht des Menschen über den Menschen beseitigt. So kann es im Laufe des weiteren Kulturfortschrittes dazu kommen, dass das ‚private Eigentum am Boden verschwinden muss'« (*Princ. of Sociology*, III. 5, Cap. 15).

»Diesen von SPENCER schon 1850 in *Social Statics* ausgesprochenen Gedanken hat er auch in seinem neuen Werke *Justice* (1892) aufrecht erhalten. Neuerdings aber erscheint ihm die von HENRY GEORGE 1881 als einziges Rettungsmittel verlangte und von GLADSTONE für

---

[1] Bekanntlich hat ja Aristoteles, der das relative Recht seiner Zeit für ein absolutes sociales Gesetz hielt, die Sklaverei für eine Einrichtung der Natur erklärt und behauptet, die Menschen werden zum Sklaven oder zum Herrn geboren.

die Lösung der irischen Frage vorgeschlagene Nationa-
lisation des Grundbesitzes fast unausführbar und zwar
wegen der unerschwinglichen Höhe der den gegenwärtigen Eigentümern zu zahlenden Abfindung. Er
kommt also nunmehr zu dem Schlusse, »dass zwar
die Gemeinschaft der oberste Eigentümer des Bodens
ist«, dass ihn aber eine eingehendere Untersuchung
zu dem Schlusse geführt hat, man müsse auch das
individuelle Recht des Grundeigentums erhalten, aber
dasselbe zugleich der Souveränetät des Staates unter-
werfen. Leider zeigt SPENCER's *Justice*, wie sein
anderes neueres Werk über die Wohlthätigkeit, eine
sterile Subjektivität, die seltsam gegen den reichen
Thatsachenschatz seiner ersten Werke absticht, und
traurige Spuren von Greisenhaftigkeit, der auch sein
mächtiges Denkorgan verfallen musste; die darin
enthaltene »eingehendere Untersuchung« macht die
folgenden beiden Hauptargumente geltend: 1. die
gegenwärtigen Grundeigentümer wären nicht die direkten Abkömmlinge der ersten Eroberer und Mono-
polisatoren des Bodens, sondern hätten ihn meistens
durch freien Vertrag erworben; 2. die Gesellschaft
hätte ein Eigentumsrecht an jungfräulichem Boden,
wie er war, ehe der Eigentümer ihn gerodet, ver-
bessert und mit Gebäuden ausgestattet hätte; die
Entschädigung für diese Leistungen würde aber un-
erschwinglich sein.

Nun hätte das erste dieser Argumente eine Bedeutung, wenn der Socialismus vorhätte, die gegenwärtigen Eigentümer zu bestrafen; in der That aber
muss das individuelle Recht, wenn die Gesellschaft

die Enteignung des Grundeigentums für im »gemeinen·
Nutzen« erforderlich hält, dem socialen Rechte
weichen, wie das übrigens schon heute der Fall ist,
wobei ich von der Entschädigungsfrage zunächst
absehe. Bezüglich des zweiten geltend gemachten
Grundes muss man sich daran erinnern, dass die
Melioration des Bodens nicht ausschliesslich Ergebnis und Verdienst der persönlichen Thätigkeit des
Eigentümers ist, sondern zum Teil auf der Auf-
häufung der Mühe und der Lebenskraft vieler
Arbeitergenerationen beruht, die den Boden in den
gegebenen Kulturzustand gebracht haben und zwar
zum Besten Anderer; thatsächlich ist also das sociale
Leben, die Gesellschaft selbst, ein Hauptfaktor der
Bodenveredelung, wie denn ganz offenbar die Wege-
bauverwaltung, die Eisenbahnen, die Erfindung land-
wirtschaftlicher Maschinen den Eigentümern kosten-
los eine gewaltige Steigerung des Bodenwertes ver-
schafft haben.

Was nun die Unerschwinglichkeit und die Art
der Enteignungsentschädigung betrifft, so ist nicht
einzusehen, warum sie voll und absolut gewährt
werden sollte; muss nicht schon heute bei einer
Enteignung im Interesse des gemeinen Nutzens der
Eigentümer, für den sein Grundstück ein *pretium
affectionis* hat, das auf daran haftenden teuren, un-
bezahlbaren Erinnerungen beruht, es abtreten, ohne
diesen besonderen Wert ersetzt zu erhalten? Bei der
Kollektiventeignung, die übrigens durch die steigende
Konzentration des Grundeigentums in die Hände
weniger Latifundienherren erleichtert wird, wird es

7*

genügen, wenn man diesen für die Dauer ihres Lebens eine ruhige und behagliche Existenz sichert, um der Enteignung alle Merkmale der strengsten Billigkeit zu verleihen.

So unvollständig und beiläufig auch der heute sichtbare Prozess der Socialisierung des Eigentums ist, er ist doch deutlich und kontinuierlich, und man kann gar nicht mehr leugnen, dass die wirtschaftliche und damit auch die juristische Richtung der Eigentumsordnung ein steigendes Übergewicht der Interessen und Rechte der Gemeinschaft gegenüber denen des Individuums zu erkennen giebt; der unaufhaltsame Lauf der Entwicklung wird aus diesem Übergewichte eine Substituierung des kollektiven Eigentums an Boden und Produktionsmitteln machen.

Es ist also der fundamentale Satz des Socialismus in voller Übereinstimmung mit dem sociologischen Gesetze des anscheinenden Rückschritts, dessen natürliche Gründe LORIA ausgezeichnet dargelegt hat. Er zeigt, wie die primitive Menschheit unter den ersten Eindrücken der umgebenden Welt die einfachsten und fundamentalen Grundlinien ihres Lebens zeichnet. Später ergiebt sich aus dem Fortschritte der Intelligenz und der die Evolution begleitenden, wachsenden Kompliziertheit eine analytische Entwicklung der in den Keimen jeder Einrichtung enthaltenen wesentlichen Elemente; ist diese Analyse, bei der es häufig infolge von Ausschreitungen nach verschiedener Richtung zu einem Gegensatze der einzelnen Elemente kommt, einmal vollendet, so vereinigt sich die zu einer hohen Entwicklungsstufe gelangte Menschheit in einer schliesslichen Synthese dieser verschiedenen Elemente und kehrt so auf den Ausgangspunkt zurück [1], mit der Einschränkung allerdings, so füge ich hinzu, dass diese Rückkehr zur Ursprünglichkeit keine blosse und einfache Wiederholung ist. Deshalb redet man von dem Gesetze eines scheinbaren Rückschritts und deshalb ist auch der Vorwurf einer Rückkehr zu barbarischer Ursprünglichkeit unbegründet. Es handelt sich nicht um eine blosse Wiederholung, sondern um die Vollendung eines Kreislaufs, eines Gliedes in einem grossen Rhythmus, der die Errungenschaften und Ergebnisse der langen vorausgegangenen, in ihren lebensfähigen und fruchtbaren Elementen unvergänglichen Entwicklung mit sich führt; dieser Zustand ist deshalb sowohl objektiv als auch im menschlichen Bewusstsein jener embryonalen Ursprünglichkeit weit überlegen.

Die gesellschaftliche Entwicklung findet ihr Abbild nicht in einem geschlossenen Kreise, nicht in der Schlange, die sich in den Schwanz beisst, sondern in dem von GOETHE entworfenen Bilde einer Spirale, die anscheinend in sich selbst zurückkehrt, in Wirklichkeit aber immer vorwärts und emporsteigt.

---

[1] Loria »Les bases économiques de la constitution sociale« (Paris 1893).

X.

DIE SOCIALE ENTWICKLUNG UND DIE INDIVIDUELLE FREIHEIT.

Auf Grund des zweiten der angeblich zwischen Socialismus und Evolutionismus bestehenden Widersprüche behauptet und wiederholt man in allen Tonarten, dass der Socialismus eine neue Form der Tyrannei sein wird, dass er alle Segnungen der Freiheit vernichten wird, die unser Jahrhundert um den Preis teurer Opfer und schweren Martyriums mühevoll erworben hat.

Ich habe schon bei Erörterung der angeborenen Ungleichheit ausgeführt, dass der Socialismus vielmehr einem jeden neben einer menschlichen Existenz die freiste und vollkommenste Bethätigung seiner Persönlichkeit sichern wird. Und ein weiteres durch die Entwicklungstheorie begründetes Gesetz zeigt, wie man mit Unrecht von der Verwirklichung des Socialismus die Unterdrückung dessen fürchtet, was von der persönlichen Freiheit lebensvoll und fruchtbar ist. Dieses von ARDIGO zuerst meisterhaft dargelegte Gesetz lehrt, dass jede neue Phase der socialen und der natürlichen Entwicklung die wesentlichen Erscheinungen der vorhergehenden Phasen nicht zerstört, sondern sie in allem Lebensfähigen, das sie besitzen, erhält und nur ihre perversen oder pathologischen Erscheinungen beseitigt. [1] In der Reihe der Lebewesen beseitigt die Entwicklung des Pflanzenlebens nicht die ersten in den Krystallisationserscheinungen hervortretenden Regungen der Organisation, wie die Tierwelt nicht das Pflanzenleben und die Menschheit nicht die früheren Glieder der langen Entwicklungsreihe beseitigt, sondern alle Erben der verschiedenen ursprünglichen Lebensformen leben mit- und nebeneinander.

Das war und ist der Weg der socialen Entwicklung, und in diesem Sinne interpretiert auch der wissenschaftliche Evolutionismus die Kultur des Mittelalters, das die Errungenschaften der früheren Civilisationen nicht beseitigt hat, sondern ihre lebensfähigen Elemente bewahrt und wie in einer Periode der Brütung zu der Reife gebracht hat, die in der Kultur der Renaissance erkennbar geworden ist. Und dasselbe Gesetz beherrscht auch die ganze grossartige Entwicklung des socialen Lebens, das Schicksal und den Werdegang der einzelnen gesellschaftlichen Institutionen. Die Ablösung einer Phase durch die andere geschieht freilich unter Ausmerzung nicht mehr lebensfähiger Gebilde und pathologischer Erzeugnisse der versinkenden Epoche, zugleich aber bewahrt, verjüngt und entwickelt dieser Umschwung die

---

[1] »La formazione naturale« (»Opere filosofiche« [Padua 1887], Bd. II.).

gesunden und fruchtbaren Organe und erhöht dadurch das physische und moralische Niveau der Menschheit.

Diesen Gesetzen ist der Werdegang der Menschheit gefolgt, seit ihrem ersten Emportauchen aus den jungfräulichen Wäldern der Urzeit bis zur Entstehung der heutigen Kultur, die sicher in vielfacher Beziehung den vorausgegangenen Epochen überlegen ist, aber zugleich besudelt ist mit den giftigen Produkten ihrer eigenen Entartung, auf die ich bei der Darstellung der Umkehrung des Auslese-Prozesses hingewiesen habe.

Ich weise beispielshalber darauf hin, dass in unserer heutigen bürgerlichen Gesellschaft die Arbeiter im Ganzen eine Existenz haben, die physisch und moralisch höher steht, als je zuvor; zugleich kann man aber nicht leugnen, dass ihre wirtschaftliche Lage als die freier Lohnempfänger in vieler Beziehung ungünstiger ist als die frühere Stellung der entsprechenden Klassen im Altertum und Mittelalter, die der Sklaven und Hörigen. Im Altertum war der Sklave das absolute Eigentum des Herrn und führte eine fast tierische Existenz, immerhin hatte aber der Herr ein Interesse daran, ihm wenigstens das tägliche Brot zu sichern, da der Sklave ganz ebenso einen Teil seines Besitzes ausmachte wie das Zugvieh.

Der an die Scholle gebundene Leibeigene des Mittelalters hatte gewisse auf Gewohnheitsrecht gegründete Ansprüche, die ihn gerade an die Scholle festhafteten, ihm aber wenigstens — von Zeiten der Missernte abgesehen — das tägliche Brot sicherten.

Der freie Lohnarbeiter unserer Tage aber ist zu einer beständigen, nach Art und Dauer menschenunwürdigen Arbeit verurteilt und hat nicht einmal irgend ein dauerndes juristisches Verhältnis gegenüber seinem kapitalistischen Arbeitgeber oder zu dem Boden, es fehlt ihm durchaus das sichere tägliche Brot, denn der Arbeitgeber hat kein Interesse mehr daran, die Arbeiter seiner Fabrik oder seines Gutes zu ernähren und zu behalten, bringt ihm doch ihr Tod oder ihre Krankheit keinen Vermögensverlust, da das Angebot Arbeitsloser auf dem Arbeitsmarkt ihm eine unerschöpfliche Flut von Proletariern zur Verfügung stellt.

Nicht, weil die Eigentümer von heute böser geartet sind, als die des Altertums, sondern nur weil auch das moralische Gefühl ein entsprechendes Produkt der wirtschaftlichen Zustände ist, kommt es dann dazu, dass der Grossgrundbesitzer oder sein Verwalter zwar den Tierarzt hole, wenn ein Ochse im Stalle erkrankt, um eine Kapitalverminderung zu vermeiden, nicht aber den Arzt rufe, wenn das Kind des Ochsenhirten krank wird. [1]

Natürlich giebt es als mehr oder weniger häufige Ausnahmen gutherzige Arbeitgeber, welche diese Regel

---

[1] Es ist mir unvergesslich, wie entrüstet der Oberinspektor eines ostelbischen Junkers war, als ich mir einmal erlaubt hatte, einen seit Wochen an einer Phlegmone des Unterschenkels leidenden, seinem Sckicksal hilflos überlassenen Gutsarbeiter Verbandmaterial und dazu einen ganzen Thaler zu geben; er fand das »socialdemokratisch«, fand es aber christlich, den freilich 6 Kilometer entfernt wohnenden Gutsarzt nicht zu dem Unglücklichen zu bemühen. — K.

vergessen, zumal wenn sie in täglicher Berührung
mit ihren Arbeitern leben, wie unleugbar auch der
Wohlthätigkeitstrieb sich — auch ausserhalb des
charity-sport — oft, mehr oder weniger geräusch-
voll bei den reichen Bevölkerungsschichten regt, die
so die verborgene Stimme eines gewissen unbehag-
lichen Gefühls moralischer Verantwortung zum Schwei-
gen bringen; aber die unerbittliche Regel bleibt die,
dass unter dem heutigen Industrialismus der Arbeiter
zwar Stimmrecht, politische und Versammlungsfreiheit besitzt (wenigstens so lange, als er sie nicht
zur Bildung einer Arbeiterpartei benutzt, die den
Kernpunkt der socialen Frage zu ihrem Programm
macht), die Sicherheit des täglichen Brotes aber
und eines sicheren Wohnsitzes verloren hat.

Diese Sicherheit will der Socialismus allen Menschen gewähren und er zeigt die positive, mathe-
matische Sicherheit dieses Ziels in dem Ersatze des
individuellen Eigentums an den Produktionsmitteln
durch das Kollektiveigentum; deshalb will er aber
nicht alle wirklich nützlichen und fruchtbaren Errungenschaften der gegenwärtigen Civilisation und
ihrer Vorläufer beseitigen.

Man betrachte ein charakteristisches Beispiel: Die
Erfindung zahlloser industrieller und landwirtschaft-
licher Maschinen, diese geistvolle Anwendung der
Wissenschaft auf die Umsetzung der Naturkräfte,
die an sich nur Gutes schaffen dürfte, da sie die
menschliche Arbeit aus der Erniedrigung tierischer
Plage zur Menschenwürde erhebt, diese Erfindung
bedingt heute wie früher das Elend und den Unter-

gang Tausender von Arbeitern, welche die durch
die Maschine bedingte Reduktion der menschlichen
Betriebsmittel unvermeidlich zu den Qualen der Arbeitslosigkeit verdammt oder zu einem Minimallohn,
der sie gerade vor dem Verhungern schützt.

Die erste instinktive Reaktion solcher Unglücklichen war und ist vielfach die Zerstörung der Maschinen, die sie als Werkzeuge ihrer unverdienten und
erbarmungslosen Preisgebung verwünschen.

Die Zerstörung der Maschinen wäre jedoch
wahrlich eine blosse Rückkehr zur Barbarei, und diese
will der Socialismus, der eine höhere Phase der
menschlichen Civilisation bedeutet, am allerwenigsten;
aber nur er kann die Lösung dieser schmerzlichen
Frage geben, welche der wirtschaftliche Individualismus nicht geben kann, der, dem Bedürfnisse des
Kapitalismus folgend, immer neue Maschinen zur
Anwendung bringt. Die Lösung besteht darin, dass
die Maschinen sociales Kollektiveigentum werden;
sind sie das einmal, so wird der technische Fortschritt nur darauf ausgehen, den Betrag an Arbeitszeit und Muskelarbeit zu verringern, der zur Erzeugung einer gewissen Menge von Subsistenzmitteln
notwendig ist, und, wenn somit der von dem Arbeiter
zu leistende Arbeitsbetrag verringert wird, ihm eine
beständig höhere und menschenwürdigere Existenz
zu gewähren. Zum Teil ist dieser Effekt schon dort
erreicht, wo mehrere kleine Grundbesitzer sich zur
Anschaffung einer Maschine, etwa einer Dampf-
dreschmaschine, vereinigen, die sie nacheinander be-
nutzen. Wenn sich mit den Grundbesitzern auch

die Pächter und Arbeiter zu einer grossen korporativen Brüderschaft zusammenschlössen (und das würde nur dort geschehen, wo der Boden sociales Eigentum ist) und die Maschinen Gemeindeeigentum wären, wie heute die Feuerspritzen, so würde ihre successive Verwendung durch die Einzelnen sicher keine schmerzliche Rückwirkung für die Arbeiter haben; die Maschine würde dann nicht mehr verflucht, sondern gesegnet werden und zwar ausschliesslich wegen ihrer Eigenschaft als Kollektiveigentum.

In diesem Sinne ist es zu verstehen, wie der Socialismus, gerade weil er eine höhere Entwicklungsstufe darstellt, aus den gegenwärtigen Zuständen nur das entfernen würde, was der übertriebene Individualismus an giftigen Produkten hervorgebracht hat; dieser schafft heute einerseits die Milliardäre und die Unternehmer, die in wenigen Jahren, das Strafgesetzbuch mit dem Ärmel streifend und tüchtig in die öffentlichen Kassen greifend, Millionen erwerben, und auf der anderen Seite schafft er die wimmelnden brandigen Massen des in der Grundsuppe der grossen Städte wuchernden Gesindels oder die Kothüttenbewohner, die der Reisende heute im Pothale und in der Campagna erblickt. [1]

Kein bewusster Socialist hat je daran gedacht, die hohen Verdienste des Bürgertums um die menschliche Gesittung zu leugnen oder die goldenen Seiten

---

[1] Eine anschauliche und eingehende Schilderung dieser Erscheinungen socialer Pathologie in Italien findet sich in dem Buche meines Lehrers P. Ellero, »La Tirannide borghese« (Bologna 1879).

im Buch der Geschichte zu streichen, die es
mit seinen nationalen Grossthaten, seinen wunderbaren Anwendungen der Wissenschaft auf die Industrie und den Austausch der Waaren und der
Gedanken ruhmvoll angefüllt hat.

Das sind unvergängliche Errungenschaften des
menschlichen Fortschritts, an deren Leugnung oder
Beseitigung der Socialismus nicht im Geringsten denkt,
für die er vielmehr den hochherzigen Pionieren des
Bürgertums, denen die Menschheit sie verdankt, gerechte
Bewunderung und Dankbarkeit zollt. Er versagt diesen Leistungen seine Anerkennung ebenso wenig, wie
ein Atheist daran denken wird, die Meisterwerke eines
MICHEL ANGELO oder RAPHAEL, weil sie religiöse
Legenden darstellen, gering zu schätzen oder zu
zerstören.

Bei alledem aber erblickt der Socialismus in der
gegenwärtigen bürgerlichen Gesellschaft die traurigen
Symptome einer unheilbaren Zersetzung, von deren
giftigen Produkten er den Körper der Gesellschaft
zu befreien entschlossen ist; er kann sich nicht damit
begnügen, symptomatisch zu verfahren und ein paar
bankerotte Bankiers, bestechliche Beamte oder spitz-
bübische Lieferanten zu beseitigen, er will das
Übel an der Wurzel, an der Quelle der giftigen
Infektion anfassen. Indem man radikal das System
wechselt, an die Stelle des privaten das Kollektiveigentum setzt, kann man die noch gesunden Lebens-
kräfte der Gesellschaft verjüngen und sie befähigen,
sich zu einer höheren Kulturstufe zu erheben, wo
nicht mehr wenige Privilegierte ein Leben voll Müssig-

gang, Genuss und Verschwendung führen, sondern wo das Leben der ungeheuren Mehrzahl der Menschen zu ernster Würde, ruhiger Sicherheit, sympathischer und heiterer Brüderlichkeit aufsteigt, an Stelle des Schmerzes, der Angst und des Grolls, die sie heute erniedrigen.

Das ist es, was ich zu sagen habe gegenüber der brutalen Behauptung, dass der Socialismus jede Freiheit unterdrücken wird; diese Behauptung wird mit liberalem Aufputz immer von denen vorgebracht, die eigentlich für nichts Interesse haben als für wirtschaftlichen Stillstand. Da, wo die Freiheitsliebe einen gutgläubigen Horror vor dem Socialismus hervorruft, handelt es sich um die Wirkung eines anderen Entwicklungsgesetzes, welches SPENCER auf die Formel gebracht hat: Jeder erreichte Fortschritt wird ein Hindernis für die noch zu erreichenden Fortschritte.

Ein natürlicher psychologischer Trieb, den ich optimistisch nennen möchte, sträubt sich dagegen, ein einmal erreichtes Ideal, einen einmal errungenen Fortschritt nicht als ein Idol, sondern als ein blosses Werkzeug zu betrachten, in ihm den Ausgangspunkt für neue Ideale und Fortschritte zu sehen, wo man sich doch lieber in fetischistische Anbetung des Erreichten versenken möchte, in der jedes Streben und Verlangen zur Ruhe kommen soll.

Wie der Wilde den Baum, der ihm Früchte giebt, an sich anbetet, nicht der Früchte wegen, und ihn schliesslich zu einem unnahbaren Fetisch macht, der als solcher ihm keine Frucht mehr giebt, wie der Geizige das Geld an und für sich als Fetisch verehrt und es im Geldschranke steril bleiben lässt, anstatt es als Werkzeug neuen Gewinns zu verwenden, so macht sich der Liberalismus, der Sohn der Revolution, aus der Freiheit ein Idol, einen Selbstzweck, einen nutzlosen Fetisch, anstatt sie als Werkzeug neuer Eroberungen oder als Triebkraft neuer Ideale zu verwenden.

Es ist begreiflich, dass unter unfreien politischen Zuständen die Eroberung der Freiheit und der politischen Souveränetät das erste, am dringendsten und krampfhaftesten begehrte Ideal war. Dass sie erobert worden ist, dafür sind wir zuletzt Gekommenen den Märtyrern und Helden dankbar, die sie um den Preis des eigenen Blutes erkauft haben. Aber die Freiheit ist sich selbst nicht Zweck und kann es nicht sein. Was nützt die Gedanken- und Versammlungsfreiheit, wenn der Magen leer ist und Millionen infolge von Blutmangel im Gehirn und in den Muskeln jede moralische und physische Kraft verloren haben? Was hilft dem Volke ein platonischer Anteil an der politischen Hoheit durch sein Stimmrecht, wenn es unter der materiellen Sklaverei des Elends, der Arbeitslosigkeit und des akuten oder chronischen Hungers schmachtet? Die Freiheit für die Freiheit — das bedeutet einen erreichten Fortschritt, der sich einem noch nicht erreichten entgegenstemmt, eine Art politischer Masturbation, die den neuen Forderungen des Lebens steril gegenübersteht.

Der Socialismus antwortet auf die Warnungen der impotenten Freiheitsmänner, dass eine neue Entwicklungsphase die Ergebnisse der vorangegangenen nicht zu zerstören trachtet, dass er demgemäss die ruhmvollen Errungenschaften von 1789 nicht antasten will, dass er aber von dieser Freiheit verlangt, dass die ihrer Interessen und Bedürfnisse bewusst gewordenen Arbeiter sich ihrer gegenüber der Klasse der Kapitalisten und Unternehmer bedienen dürfen, um eine gerechtere und menschlichere sociale Organisation zu erlangen.

Es ist nun einmal so, dass gegenüber dem Privateigentum und der darauf begründeten · wirtschaftlichen Machtstellung, die dem nicht Privilegierten gelassene Freiheit ein blosser Schein, ein platonisches Spielzeug ist. Wenn die Arbeiter sich der Freiheit in klarem Bewusstsein ihrer Klasseninteressen bedienen wollen, würden die Inhaber der wirtschaftlichen und damit der politischen Gewalt dann sofort die grossen liberalen Gedanken — die Principien von 1789 — verleugnen, jede öffentliche Freiheit unterdrücken und sich in der Illusion wiegen, mit solchen Mitteln den Schicksalsgang der Weltentwicklung aufzuhalten.

Dasselbe gilt gegenüber dem immer wieder den Socialisten gemachten Vorwurfe, sie wären vaterlandslos aus Kosmopolitismus.

Auch das ist ein Irrtum. Die nationalen Epopöen, durch die Italien und Deutschland in unserem Jahrhundert ihre Einheit und Unabhängigkeit erobert haben, bedeuten sicherlich einen grossen Fortschritt, und wir Socialisten sind, ich wiederhole es, denen, die uns ein freies Vaterland gegeben haben, dankbar. Deshalb soll aber das Vaterland kein Hemmnis not-

wendiger Fortschritte bilden, die zweifellos zu einer
Verbrüderung der Völker führen werden, fern von
dem Hasse der Nationen, der nur ein Rest von
Barbarei ist oder ein Firnis zur Verhüllung des
kapitalistischen Eigennutzes, der seinerseits sehr wohl
verstanden hat, den festen Ring der goldenen Internationale zu schmieden.

Wie die Phase der italienischen Städtekriege unter
dem Einflusse des erwachenden Nationalgefühls über-
wunden worden ist, wird es auch zu einer Überwin-
dung der »patriotischen« Rivalitäten kommen und
an ihre Stelle wird ein die Menschheit umfassendes
Gefühl allgemeiner Brüderlichkeit treten.

Hat man in der Kenntnis des Klassenkampfes erst
einen Schlüssel für das Verständnis der Geschichte,
dann versteht man leicht, wie die unter sich inter-
national verbundenen herrschenden Klassen — und
der Banquier in London lebt mit Hilfe des Telegraphen
zugleich auf dem Markte von New-York, St. Peters-
burg und Peking — ihre Freude daran finden, die
grosse Arbeiterfamilie der ganzen Welt oder doch
die unseres alten Europa im Zwiespalt zu erhalten;
macht doch der Zwiespalt unter den Arbeitern erst
die Machtstellung der Kapitalisten möglich und dass
sie, um diese Spaltung zu erhalten, an den im
innersten noch verborgenen urwüchsigen Hass gegen
den »Fremden« appellieren.

Auch infolge seiner internationalen Richtung bedeutet der Socialismus einen unverkennbaren sittlichen
Fortschritt und eine unvermeidliche Phase der menschlichen Entwicklung.

Entsprechend dem Entwicklungsgesetze, das uns hier beschäftigt, wäre es unzutreffend, wenn man meinen wollte, dass der Socialismus durch das Kollektiveigentum alles und jedes individuelle Eigentum beseitigen werde. Jede Entwicklung vollzieht sich so, dass eine neue Entwicklungsstufe nicht mit allem Vergangenen aufräumt, sondern nur mit den unhaltbar gewordenen Dingen, die zu den neuen Lebensbedingungen in absolutem Widerspruche stehen. Wenn an Stelle des individuellen Eigentums an Boden und Produktionsmitteln das Kollektiveigentum getreten ist, so wird doch damit nicht das Eigentum des Einzelnen an den nötigen Nahrungsmitteln, an seinen Kleidern und den Gegenständen beseitigt, die für den ausschliesslichen Gebrauch des Einzelnen und der Familie nötig sind.

Diese Art des Privateigentums wird also immer bestehen bleiben, auch unter dem Kollektivismus, denn es ist unentbehrlich und zugleich durchaus vereinbar mit dem gesellschaftlichen Eigentum an Boden, Bergwerken, Häusern, Werkstätten, Maschinen, Werkzeugen und Transportmitteln.

Schon heute fungiert Kollektiveigentum in mancherlei Form unter unseren Augen, z. B. in Form öffentlicher Bibliotheken; diese Einrichtung erschwert dem Einzelnen durchaus nicht die persönliche Benutzung von Büchern, die er wegen ihrer Seltenheit oder Kostbarkeit sich in anderer Weise nicht verschaffen kann, vielmehr werden Bücherschätze durch ihre Eigenschaft als Kollektiveigentum unendlich wertvoller als die in den Schränken der Bibliophilen ver-

schlossenen Raritäten; so wird auch das Kollektiveigentum am Boden und an den Produktionsmitteln
jedem Individuum den Gebrauch einer Maschine, der
nötigen Werkzeuge und eines Feldes gewähren und
dadurch den Nutzen dieser Arbeitsmittel verhundert-
fachen.

Es ist unrichtig zu behaupten, dass die Menschen,
wenn sie nicht mehr das ausschliessliche anhäufbare
und übertragbare Eigentum an Werten haben werden,
infolge des so bedingten Wegfalls der aus dem persönlichen und Familieninteresse hervorgehenden egoi-
stischen Motive alle Arbeitslust verlieren werden. [1]

Wir sehen doch auch in der gegenwärtigen individualistischen Welt, dass die nach LAVELEYE's Vorgang so eingehend untersuchten Überbleibsel des
kollektiven Grundeigentums mit gleicher Sorgfalt und
gleichem Ertrage bewirtschaftet werden, wie Güter im
Privatbesitz, obgleich die Miteigentümer dieses Kollektiv-
besitzes nur ein Gebrauchsrecht an demselben haben.

LORIA hat gezeigt (*Les bases économiques de
la constitution sociale*, 1894, T. I), dass auch in der
kollektivistischen Gesellschaft ein verständiger Egoismus die Triebfeder des Handelns sein wird, dass er aber
hier zu einer gesellschaftlichen Harmonie führen wird,
die er in einer individualistischen Gesellschaft durchaus unmöglich macht.

Ich will dafür ein lehrreiches, wenn auch kleines
Beispiel anführen. Früher konnten nur die Reichen

---

[1] Eugen Richter behauptet sogar in seiner oberflächlichen
Kritik des Socialismus, letzterer würde die Prügelstrafe für alle die
einführen, welche ungern arbeiten.

8*

fahren, anstatt zu Fuss zu gehen; man stellte dann
einem grösseren Publikum Mietswagen zur Verfügung,
aber die Höhe ihres Tarifs führte zu einer weiteren
Socialisierung des Verkehrs in der Form des Omnibus
und der Pferdebahn. Es fehlt nur noch ein Schritt
zur völligen Socialisierung des städtischen Verkehrs;
Droschken, Omnibus, Pferdebahn, Zweirad u. s. w.
haben nur in den Betrieb der Gemeinden überzugehen und dem Einzelnen ebenso kostenfrei zur
Verfügung zu stehen, wie das elektrische Licht.
Dasselbe System könnte auf den Eisenbahnen für das
ganze Volk eingeführt werden.

Aber, so wendet man dagegen ein, dann werden
Alle Droschke oder Pferdebahn fahren wollen und
die Einrichtungen werden versagen. Dieser Einwand
ist jedoch nicht berechtigt; diese Wirkung würde
nur eintreten, wenn der Verkehr von heute auf morgen
so verändert würde, und auch nur für die erste Zeit.
Schon jetzt haben bei uns ja Post- und Tele-
graphenboten freie Fahrt, ohne dass es zu Unzuträg-
lichkeiten kommt. Wenn die Pferdebahnwagen allen
offen stehen, wird ein anderes egoistisches Motiv ins
Spiel treten, das Bedürfnis nach körperlicher Bewegung, besonders bei gut genährten, eine sitzende
Lebensweise führenden Menschen.

So würde also an diesem kleinen Fragmente des
kollektivistischen Eigentums der individuelle Egoismus
mit dem gesellschaftlichen Interesse übereinstimmen.

Wenn manche der Reste von Kollektiveigentum
unter der Berührung mit dem merkantilen Individualismus schlecht verwaltet werden und verschwinden,

so beweist das nichts gegen den Socialismus, denn in dem heutigen, durchaus individualistisch gestalteten gesellschaftlichen und wirtschaftlichen Milieu finden derartige Gebilde nicht mehr die Möglichkeit kräftigen Fortlebens. [1]

Diese Gebilde können ebensowenig weiterleben, wie ein Fisch ausserhalb des Wassers; es gilt übrigens auch für die phantastischen Versuche der famosen Kolonieen von Socialisten, Kommunisten oder Anarchisten, die Schwärmer bald hier, bald dort als »vorläufiges« socialistisches Experiment zu gründen versucht haben, dass derartige Experimente in einem moralischen und wirtschaftlichen Milieu von individualistischer Beschaffenheit notwendigerweise misslingen müssen; ein derartiges Milieu kann ihnen nicht die Bedingungen einer physiologischen Entwicklung gewähren, die sie erst dann finden werden, wenn die Gesellschaft kollektivistisch und socialistisch organisiert ist. [2] Erst in einem socialistischen Milieu werden sich die individuellen Triebe und Fähigkeiten dem Kollektivismus anpassen und ihn widerspiegeln; unter der Herrschaft des wirtschaftlichen Individua-

---

[1] Ferri hat gelegentlich einer agrarpolitischen Debatte im italienischen Parlament, bei der es sich um eine Ablösung derartiger kollektiver Gebilde handelte, die hier berührte Frage eingehender erörtert. Eine Schilderung der betreffenden Parlamentsverhandlung, die für die Geschichte des italienischen Socialismus epochemachend war, hat kürzlich W. Sombart im »Socialpolitischen Centralblatt« No. 30 gegeben. — K.

[2] Das Schicksal derartiger Experimente beweist also nicht, wie man hat behaupten wollen, dass jedes socialistische Unternehmen als solches ohne Stabilität ist.

lismus, der freien Konkurrenz, sieht jeder Mensch in seinem Nächsten wenn nicht einen Gegner, so doch sicher einen Konkurrenten, und so muss der antisociale Egoismus sich am stärksten von allen menschlichen Tendenzen entwickeln; das bringt schon der blosse Selbsterhaltungstrieb mit sich, zumal in unserer mit vollem Dampf vorwärts hastenden Civilisation, die sich so stark von dem friedlichen und behaglichen Individualismus früherer Jahre unterscheidet.

In einem Milieu dagegen, wo jeder Mensch im Austausch für seine der Gesellschaft geleistete körperliche oder geistige Arbeit ein sicheres tägliches Brot für Leib und Seele erhält und so der täglichen Sorge um die blosse Existenz enthoben ist, wird der Egoismus offenbar seltener Gelegenheiten und Antriebe finden, neben den Gefühlen der Solidarität, der Sympathie und des Altruismus hervorzutreten, und der trostlose Grundsatz: *homo homini lupus* wird nicht mehr wie heute den grössten Teil der Existenz vergiften.

Ich will mich nicht in eingehendere Auslassungen über diese Frage vertiefen; zum Abschluss meiner Prüfung des zweiten der angeblichen Widersprüche zwischen Socialismus und Entwicklungslehre erinnere ich daran, dass das sociologische Gesetz der Bewahrung des einmal Erworbenen auf der folgenden Entwicklungsstufe eine deutliche Vorstellung der socialen Zustände ermöglicht, wie sie der wissenschaftliche Socialismus voraussieht, und wie sie zum Teil schon im Entstehen sind; diese Vorstellung ist sehr viel positiver als es unsere Gegner ahnen, die es auch heute noch mit dem romantischen oder sentimentalen

Socialismus der ersten Hälfte des Jahrhunderts zu
thun zu haben glauben.

Das ist im wesentlichen der Standpunkt von
GUYOT, den er in seinem Buche *Les principes de 89
et le socialisme* (Paris 1894) im Namen einer individualistischen Psychologie vertritt und zwar unter der Behauptung *le socialisme est dépressif et l'individualisme
expansif* [1], die richtig wäre, wenn man sie umkehrt.
Das beweist u. a. das Beispiel der 8 Stunden-Frage.
Die von GUYOT vertretene Dutzendpsychologie bleibt
hier an der Oberfläche haften und sagt: wenn ein
Arbeiter 8 Stunden arbeitet, produziert er ein Drittel
weniger als in einem 12stündigen Arbeitstage. Deshalb hat der industrielle Kapitalismus in falsch ver-
standenem Egoismus der Minimalforderung der drei
8 — 8 Stunden Arbeit, 8 Stunden Schlaf, 8 Stunden
für Mahlzeiten und Erholung — widersprochen. Eine
wissenschaftlichere Betrachtungsweise, die psycho-
physiologische, zeigt dagegen, dass, wie ich es einmal ausgedrückt habe, der Mensch eine Maschine,
aber nicht wie andere Maschinen konstruiert,
d. h. eine organische, keine mechanische Maschine
ist. Eine Lokomotive oder Dampfmaschine leistet
offenbar in 8 Stunden ein Drittel weniger als in
12 Stunden. Der Mensch ist aber eine biologische,
nicht mechanischen Gesetzen unterworfene Maschine,

---

[1] Vielleicht hat Herr Yves Guyot unter Expansivität die Gelegenheit zu Millionen — Diebstählen verstanden, die er bei der staatlichen Subvention der Südbahn gefunden hat; diese Expansivität
dürfte allerdings einer der Vorteile der französischen Spekulanten-
republik sein. — K.

seine Muskel- und Geistesarbeit lässt sich nicht in
beständiger Gleichartigkeit beliebig fortsetzen, sondern folgt einem Grundgesetze des Lebens, das
QUETELET in seiner binomischen Kurve dargestellt hat;
diese zeigt ein langsames, mässiges Ansteigen, erreicht ein Maximum der Kraft und endet wieder
mit schwacher und langsamer Leistung: Dement-
sprechend erreicht die intellektuelle und Muskelarbeit nach einer gewissen Dauer ein Minimum, auf ·
dem sie sich bis zum Ende der Arbeitszeit mühsam
hinschleppt. Ferner kommt bei einer kürzeren Arbeitszeit der wohlthätige Suggestiv-Einfluss derselben zur
Geltung; das wird genügen, um die neuerdings von
englischen Kapitalisten über die ausgezeichneten
Resultate des 8 Stunden-Tages, auch für ihre Unter-
nehmerinteressen, angestellten Enquêten verständlich
zu machen. Die Arbeiter wurden weniger ermüdet
und die Leistung war nicht geringer.

Die Anwendung dieser und anderer psycho-
physiologisch begründeter Reformen in der socialistischen Gesellschaft wird ungeheure materielle und
moralische Vorteile herbeiführen, trotz der a priori
von unsern Individualisten gemachten Einwürfe, die
nur bei gänzlich fehlendem Verständnis für die psy-
chologische Bedeutung eines veränderten Gesellschafts-
zustandes möglich sind.

Deshalb sind Einwendungen, wie sie u. a. von
VANNI im Namen einer eklektischen Sociologie dem
Socialismus gemacht werden, unhaltbar, trotz des
Geistes und Wissens dieses bedeutenden Rechtsphilo-
sophen. VANNI sagt, der Socialismus liesse sich mit

dem Individualismus nicht vereinigen, weil er der gesellschaftlichen Ordnung ein Princip zu Grunde legte, das die Autonomie des Individuums nicht verlange, sondern leugne. Wenn er trotzdem individualistische Gedanken aufstelle, die gegen sein eignes Princip streiten, so ändere er deswegen nicht seine Natur und höre nicht auf, Socialismus zu sein, sondern zeige nur, dass er ohne Widersprüche nicht leben könne. [1]

Wenn der Socialismus die Entwicklung und Selbstbehauptung jedes Individuums nicht nur zulässt, sondern vielmehr erweitert und durch entsprechende Existenzbedingungen sichert, so verleugnet er damit sein Princip nicht; vielmehr kann er als zunächst letzte Phase der Civilisation nichts wirklich Lebensfähiges, d. h. mit dem Socialismus Vereinbares, beseitigen oder unterdrücken, was frühere Entwicklungsphasen geschaffen haben. Wie der socialistische Kosmopolitismus keinen Gegensatz zum Patriotismus bildet, dessen berechtigten Kern er nach Ausscheidung aller Übertreibungen anerkennt, so lebt er auch nicht von Widersprüchen, wenn er den lebensfähigen Teil des Individualismus bewahrt und pflegt und nur seine pathologischen Erscheinungen beseitigt; diese freilich muss er bekämpfen, denn im Körper der heutigen Gesellschaft sind 90% der Zellen zur Blutarmut verdammt und 10% zu krankhafter Vollblütigkeit und Mästung.

---

[1] J. Vanni, »La funzione pratica della filosofia del diritto in rapporto al Socialismo contemporaneo« (Bologna, 1894), p. 50.

XI.

ENTWICKLUNG, REVOLUTION UND UMSTURZ. SOCIALISMUS UND ANARCHISMUS.

Der letzte und stärkste Widerstand, den viele zwischen Socialismus und Entwicklungslehre zu finden glauben, soll durch die Methode gegeben sein, durch die der Socialismus wird in Praxis umgesetzt werden können. Auf der einen Seite verlangt man von den Socialisten auf der Stelle ein genaues und vollständiges Bild des »Zukunftsstaates« in seinen kleinsten Einzelheiten zu liefern; »gebt mir eine greifbare Schilderung der neuen Gesellschaft, dann werde ich mich entscheiden, ob ich sie der gegenwärtigen vorziehen soll«. Auf der anderen Seite meint man, der Socialismus behaupte, das Aussehen der Welt von heute auf morgen ändern zu können, sodass wir etwa eines Abends mitten in der bürgerlichen Welt schlafen gingen, um am Morgen mitten im Socialismus aufzuwachen. Dem gegenüber heisst es dann, man müsse doch einsehen, dass das mit den Gesetzen der Entwicklung unvereinbar sei, da dieselben auf die beiden Hauptbegriffe der »Natürlichkeit« und der »langsamen Abstufung« aller Erscheinungen zurückgingen und zwar auf allen Gebieten des Weltprozesses, von den Weltkörpern bis auf die socialen Erscheinungen; gerade durch diese Einsicht in die Allmählichkeit der Übergänge unterscheide sich ja das moderne wissenschaftliche Denken von der alten Metaphysik. Diese Einwendungen haben auch ihre Bedeutung gegenüber derjenigen Form des Socialismus, den ENGELS als den »utopistischen« bezeichnet, im Gegensatze zum wissenschaftlichen. Solange der Socialismus vor KARL MARX nur der sentimentale Ausdruck einer ebenso hochherzigen wie wissenschaftlich unklaren Humanität war, gaben seine Führer und Anhänger, wie das ganz begreiflich ist, dem Drange ihres Herzens nach und ergingen sich bald in donnerndem Protest gegen die offenbare Ungerechtigkeit der gesellschaftlichen Zustände, bald starrten sie hypnotisiert das Phantasiebild einer besseren Welt an, dem sie scharfe Umrisse zu verleihen bestrebt waren und dessen Darstellung von PLATO's *Republik* bis zu BELLAMY's *Looking backward* reicht. Natürlich wiesen diese ins Blaue hinein errichteten Gebilde der Kritik zahlreiche Blössen; diese Kritik ging wohl manchmal fehl, weil sie vom Standpunkte des gegebenen Milieus ausging, und vergass, dass hier ein neues Milieu geschildert wurde, zum grössten Teile war sie aber wohl begründet, denn die ungeheure Kompliziertheit des socialen Lebens macht jede ins einzelne gehende Schilderung künftiger Zustände unmöglich, die erheblicher von dem heutigen abweichen, als die des Altertums oder des Mittelalters von jenen; hat doch die Erbin dieser, die Bourgeosie, mit ihnen die Angelpunkte individualistischer Institutionen gemeinsam, während der Kollektivismus ganz andere Unterlagen haben wird.

Diese früheren prophetischen Entwürfe einer neuen socialen Ordnung sind übrigens unverfälschte Früchte jener politischen und socialen Verkünstelung, mit der auch die orthodoxesten und radikalsten Liberalen getränkt sind; diese Doktrinären glauben, wie Spencer bemerkt, die Gesellschaft wäre eine träge, teigige Masse, der ein beliebiger Gesetzesartikel jede beliebige Form geben kann, ohne Mitwirkung der organischen und seelischen Eigenschaften, Fähigkeiten und Neigungen, der ethnischen und historischen Überlieferungen der verschiedenen Völker.

Der utopistische Socialismus hat verschiedene Proben solcher Zukunftsbilder gegeben, indessen übertrifft ihn an Künstelei die heutige Politik mit ihrem chaotischen Wuste von Kodifikationen und Gesetzen, die unter Berufung auf die Freiheit jeden Menschen von der Wiege bis zum Grabe, ja selbst vorher und nachher, in ein unentwirrbares Netz von Paragraphen, Erlassen und Verordnungen verstricken, in denen er eingesponnen sitzt, wie der Seidenwurm in seinem Cocon.

Jeder Tag zeigt uns von neuem, wie unsere Gesetzgeber damit beschäftigt sind, in ihrem Verkünstelungsbedürfnisse die Gesetze der verschiedensten Länder zu kopieren und ihr Land bald nach der Pariser, bald nach der Berliner Mode zu beglücken. Anstatt sich aus fremden Ländern Kriterien für eine nationale Gesetzgebung zu holen, schaffen sie Gebilde, die toter Buchstabe bleiben und niemals im Boden der Wirklichkeit Wurzel schlagen können. [1]

Bei der Erörterung künstlicher socialer Gebilde könnten die Socialisten den Individualisten mit Recht zurufen: »Wer ohne Sünde ist, werfe den ersten Stein«. Aber die richtige und unwiderlegliche Antwort ist die, dass der wissenschaftliche Socialismus eine sehr vorgeschrittene Stufe des socialistischen Gedankens darstellt und den phantastischen Plan völlig aufgegeben hat, heute ein Bild von dem Zustande der Gesellschaft unter dem neuen, kollektivistischen Regime zu geben.

Mit mathematischer Sicherheit kann der wissenschaftliche Socialist behaupten, dass seine Lehre den Gang der künftigen Entwicklung im Allgemeinen zeigt, im Sinne eines beständig wachsenden Übergewichts der Interessen der Art über die des Individuums, und somit im Sinne einer zunehmenden Socialisierung des wirtschaftlichen Lebens und der von ihm bedingten Moral, Rechtspflege und Politik.

Die Einzelheiten des neuen Gesellschaftsbaues können wir nicht voraussehen und zwar gerade deshalb, weil das neue Gebilde ein natürliches und ungezwungenes Produkt der menschlichen Entwicklung sein wird, dessen Entstehung schon angebahnt und

---

[1] Als typisches Beispiel hierfür nenne ich das neue italienische Strafgesetzbuch, das in keiner Weise sich den besonderen Verhältnissen Italiens anzupassen sucht, sondern ebensowohl in Griechenland oder in Norwegen eingeführt werden könnte, und welches das Zellen-Gefängnissystem der nordischen Länder nachahmt, in denen es sich bereits als eine kostspielige Maschinerie zur Herbeiführung eines hoffnungslosen Stumpfsinns erwiesen hat.

in ihren embryonalen Grundzügen vorgezeichnet ist. Es ist eben nicht eine künstliche, von einem Utopisten oder Metaphysiker am Schreibtische ausgeklügelte Konstruktion.

Ähnlich ergeht es auch dem Biologen auf seinem Gebiete; wenn man ihm einen wenige Tage alten Embryo zeigt, kann er nicht mit Bestimmtheit sagen, ob er ein Knabe oder ein Mädchen, und noch weniger, ob er ein starkes oder ein schwaches, ein sanguinisches oder cholerisches, ein kluges oder dummes Wesen sein wird. Er wird nur in allgemeinen Zügen die Entwicklung eines ähnlichen Individuums voraussagen können und es der Zeit überlassen, dass die ererbte Anlage und die Zustände des Milieus, in dem das Wesen leben wird, natürlich und ungezwungen seine persönlichen Eigentümlichkeiten bestimmen.

Diese Antwort kann und muss der Socialist geben und in diesem Sinne hat auch BEBEL im deutschen Reichstage am 3. Februar 1893 denen geantwortet, welche von den Socialisten auf der Stelle die genaueste Auskunft über den Zukunftsstaat haben wollten und ihre Kritik an die gekünstelten Entwürfe socialistischer Romanschreiber anknüpften, die sich allzuweit in Einzelheiten eingelassen haben.

Man würde so ziemlich dieselbe Antwort bekommen haben, wenn kurz vor dem Ausbruch der französischen Revolution die damaligen Machthaber, der Klerus und der Adel, den Vertretern des dritten Standes gesagt hätten: ›Was wird denn Eure neue Welt sein? Gebt uns eine genaue Schilderung derselben, dann werden wir uns entscheiden‹.

Der dritte Stand, der das Bürgertum und privilegienfeindliche Mitglieder der beiden anderen Stände, wie MIRABEAU und SIEYÈS, umfasste, hätte damals auch nicht die Geschichte des 19ten Jahrhunderts erzählen können; aber das hat den Gang der bürgerlichen Revolution nicht aufgehalten, denn sie war die natürliche, gegebene und unvermeidliche Phase einer ewigen Entwicklung, wie heute der Socialismus gegenüber der Bourgeoisie. Sollte dieser bürgerlichen Welt, die erst seit einem Jahrhundert besteht, eine so sehr viel kürzere Lebensdauer bestimmt sein, als der feudalen Welt, so läge das wohl daran, dass die wunderbaren wissenschaftlichen Fortschritte dieses Jahrhunderts uns zehnfach schneller leben lassen und die Menschheit in 10 Jahren denselben Weg führen, für den sie im Mittelalter ein oder zwei Jahrhunderte brauchte.

Die beständige Beschleunigung der Entwicklung ist ja eines der Gesetze, welches die positive Sociologie aufgestellt und nachgewiesen hat. Der Eindruck, dass Socialismus soviel bedeutet wie Knechtschaft, ist gerade durch die künstlichen Konstruktionen des Gefühlssocialismus hervorgerufen worden, das ist auch natürlich, denn wenn man die neue sociale Ordnung nicht als das ungezwungene Ergebnis der Entwicklung von innen heraus betrachtet, sondern als ein kunstvolles Gebäude, das eines Tages plötzlich dem Gehirne eines Baumeisters der Gesellschaft entspringen soll, so muss man sich denken, dass dieser den Gang seiner Maschinerie durch unendliche Reglements und die Vollmacht einer höchsten leitenden

Stelle, mag sie nun in einer einzelnen Person oder einem Kollegium gegeben sein, sichert. Es ist ganz begreiflich, dass eine derartige Vorstellung vom Socialismus den Gegnern den Eindruck eines Klosters oder einer Kaserne macht, zumal sie an der Freiheit des Individualismus nur die Vorteile sehen, nicht die brandigen Wunden, die an ihm fressen. [1]

Noch eine andere künstliche Erscheinung unserer Zeit hat diesen Eindruck in den Augen vieler bestätigt, nämlich der Staatssocialismus, der im Grunde dasselbe ist, wie der utopistische oder Gefühlssocialismus und, wie LIEBKNECHT auf dem socialistischen Kongress in Berlin 1892 bemerkte, nur ein Staatskapitalismus sein kann, der die religiöse Sklaverei mit der wirtschaftlichen Ausbeutung verbinden würde. Der sogenannte Staatssocialismus beweist die unwiderstehlich suggestive Gewalt des wissenschaftlichen Socialismus; ich erinnere nur an die berühmte Verfügung, durch die der deutsche Kaiser eine internationale Konferenz zur Beratung der Probleme der Arbeit zusammenrief, oder an die berühmte Encyclica *De conditione opificum*, mit welcher der eminent geschickte Leo XIII. dem Fass einen und dem Reifen den anderen Schlag gab. Aber Entwicklungsphasen lassen sich weder unterdrücken noch überspringen, und deswegen haben in der liberalen und individualistischen Bourgeosie weder kaiserliche Verfügungen

---

[1] Auf diesen künstlichen Socialismus bezieht sich auch Spencer in seiner kleinen Schrift »From liberty to slavery«, die neuerdings in seiner Sammlung »Problèmes de Morale et de Sociologie« (Paris 1894) wieder herausgegeben worden ist.

noch päpstliche Encykliken den gewünschten Erfolg;
der Bourgeoisie würde es freilich nicht missfallen,
wenn der allzu heftige Socialismus in der liebevollen
Umarmung der Bureaukratie und des Staatssocialismus
erstickte, seitdem sie gemerkt hat, dass dazu in
Deutschland und anderswo weder Ausnahmegesetze
noch Repressionsmittel genügen.[1]

Das staatssocialistische Arsenal von Reglements
und Überwachungsmassregeln hat jedoch mit dem
wissenschaftlichen Socialismus gar nichts gemein; dieser
ist sich bewusst, dass die Leitung der neuen Ordnung
der Dinge, die Verwaltung des Kollektiveigentums,
sehr viel weniger verzopft und verzwickt sein wird
als das heutige Verwaltungssystem des Staates, der
Provinzen und der Gemeinden; dass es dagegen als
ein natürliches, nicht ein parasitisches Produkt der
neuen socialen Ordnung für die Gemeinschaft und
die Einzelnen sehr viel erspriesslicher sein wird.
Es wird ihm die Rolle zufallen, die im tierischen
Organismus vom Nervensysteme gespielt wird, die
eines regulatorischen Apparates, der bei einem Säugetiere komplizierter ist als bei einem Fische, ohne
dass die Organe oder die Zellen durch seinen Einfluss ihrer Autonomie beraubt werden.

---

[1] Gegen den Staatssocialismus wenden sich im Wesentlichen
die individualistischen und anarchistischen Einwendungen Spencer's
in seinem Buche »The Individual versus the State«, 1885. Es hat
sich daran eine Polemik zwischen Spencer und Laveleye geknüpft
(»L'état el l'individu ou darwinisme social et christianisme« [»Rev.
internat.«], Florenz 1885). Vgl. auch Lafargue's Aufsatz »Spencer e il
Socialismo« in der »Critica Sociale«, Mai 1894.

Wenn man den Socialismus widerlegen will, so genügt es nicht mehr, beständig die nur dem Utopismus und Gefühlssocialismus gegenüber berechtigten Einwände zu wiederholen; diese Richtungen mögen in dem unklaren Nebel der im Volke verbreiteten Ideen vielleicht noch fortleben, sie verlieren aber täglich mehr an Boden bei den bewussten Anhängern des wissenschaftlichen Socialismus, — mögen sie nun aus dem Volke, der Bourgeoisie oder dem Adel herstammen — der unter dem von KARL MARX ausgegangenen Impulse sich mit allen Errungenschaften der modernen Wissenschaft gerüstet hat und sich so über die abgestandenen Argumente der Gegner hinwegsetzen darf. Wenn diese Einwände immer widergekäut werden, so liegt das wohl nur an einer Gewohnheit ihrer Träger; die moderne Wissenschaft aber schreitet über sie ebenso hinweg wie über den utopistischen konstruktiven Socialismus, gegen den sie sich wendeten.

Dieselbe Antwort habe ich auch auf die Bedenken zu geben, die sich gegen die Art und Weise der Verwirklichung des Socialismus wenden. Für den utopistischen und konstruktiven Socialismus ist der Gedanke unvermeidlich, dass der von dem einen oder anderen Reformator entworfene Gesellschaftsbau von heute auf morgen durch ein Dekret des Königs oder ein Referendum des Volkes geschaffen wird. In diesem Sinne steht der utopistische Socialismus im Widerspruch zu den Entwicklungsgesetzen und ist verfehlt, und in dieser Form habe ich ihn stets, so in meinem Buche *Socialismo e criminalità*, bekämpft, denn damals (1883) waren in Italien die Ideen des wissenschaftlichen Socialismus noch nicht verbreitet.

Auch politische Parteien und wissenschaftliche Theorieen sind Naturerzeugnisse und müssen durch die Entwicklungsstufen der Kindheit und Jugend hindurch, ehe sie ihre volle Reife erlangen.

Auch in Italien konnte der Socialismus erst seine wissenschaftliche Phase erreichen, nachdem er durch die kindliche einer ausschliesslichen Vereinigung der Handarbeiter und die einer unklaren Romantik hindurchgegangen war, welche der Idee der Revolution eine zu enge und unvollständige Interpretation gab und sich in der Illusion wiegte, man könne die sociale Ordnung von heute auf morgen verändern, wie man etwa mit ein paar Flintensalven aus der Monarchie eine Republik machen kann. Aber es ist sehr viel leichter, die politische Schale eines socialen Organismus, die mit dem wirtschaftlichen Leben nicht tief verwachsen ist, als die wirtschaftlichen Grundlagen der Gesellschaft zu ändern.

Als Prozesse der socialen Umwandlung kommen in Frage: die Entwicklung, die Revolution, der Aufstand, die Gewaltthätigkeit gegen Personen.

Auch im Leben und der Entwicklung der Tiere und Pflanzen finden sich diese vier Prozesse der Neugestaltung vertreten. So lange der Keim oder Embryo langsam an Volumen und Feinheit der Struktur zunimmt, handelt es sich um eine zusammenhängende allmähliche Entwicklung, die an einem gegebenen Punkte in einen Prozess der Revolution übergehen muss, wie er in der Zeugung, der Geburt,

der Durchbrechung der Eischale u. s. w. gegeben
ist; so kann es auch zu Bewegungen kommen, die
einer Revolte analog sind, wie sich das vielfach in
den Tiergesellschaften zeigt, und schliesslich finden sich
auch Gewaltthaten zwischen einzelnen Individuen vor,
so beim Kampfe um den Besitz des Weibchens oder
der Nahrung.

In der Welt des Menschen begegnen uns überall
diese Prozesse, die Entwicklung in den beständigen
unvermeidlichen kleinen Veränderungen, wie jeder
Tag sie bringt, die Revolution in der mehr oder
weniger kritischen Periode, die jede Entwicklungsphase abschliesst, die Revolte in den grössere oder
geringere Massen bewegenden gemeinsamen Auflehn-
nungen, wie sie die Gegensätze in der Gesellschaft
von Zeit zu Zeit hervorbringen, und die persönliche
Gewalt von einem Individuum über das andere, wo ein
leidenschaftlicher Fanatismus, der Ausbruch verbrecherischer Triebe oder die Äusserungen eines ge-
störten seelischen Gleichgewichts das Übergewicht
erhalten.

Nun zeigt die Erfahrung zunächst, dass in der
menschlichen Gesellschaft Entwicklung und Revolution
physiologische, Aufstände und Gewaltthaten dagegen
pathologische Erscheinungen sind. Gewiss sind alle
diese Vorgänge etwas Natürliches und Spontanes, denn
die Pathologie ist ja, wie VIRCHOW uns gelehrt hat, nur
eine Fortsetzung der Physiologie, und für die herrschenden Klassen sollten auch die pathologischen
Erscheinungen eine symptomatische Bedeutung haben
und sie auf andere Heilmittel sinnen lassen als auf

die Gewalt, Massregeln der Todesstrafe und Ein-
kerkerung, mit denen sie bisher jeder politischen und
socialen Krise entgegengetreten sind. [1]

Aber die eigentlich normalen und fruchtbaren
Wege socialer Umwandlung, wenn sie auch langsamer und weniger wirksam scheinen mögen,
sind die Entwicklung und die Revolution, letztere im
exakten und positiven Sinne verstanden, als letzte

---

[1] Das Anfang Juli 1894 herausgegebene italienische Original
dieses Buches enthält an dieser Stelle folgende Anmerkung: »Während der Korrektur dieses Bogens legt Crispi dem Parlamente den
Entwurf eines ‚Ausnahmegesetzes zum Schutze der öffentlichen
Sicherheit‘ vor, das unter dem Vorwande der anarchistischen Attentate in Wahrheit den Socialismus zu fassen und zu ersticken sucht.
Die Ausnahmegesetze können aber nur die Personen, nicht die
Ideen beseitigen, wie das beredte Beispiel des deutschen Socialisten-
gesetzes zeigt. Es ist leicht, die Strafen zu vermehren und die
verfassungsmässige Freiheit aufzuheben, aber das Heilmittel liegt
nicht darin. Der Socialismus wird trotzdem und gerade deshalb
fortschreiten«. Diese Prophezeiung Ferri's ist eingetroffen; der jetzt
als politischer Wechselreiter entlarvte, an die südamerikanischen
Präsidenten gemahnende, italienische Ministerpräsident hat seine
Ausnahmegesetze ausschliesslich gegen die Socialisten und darunter
auch gegen Ferri selbst angewendet und sich nicht gescheut, Richter,
die noch ehrenhaft genug waren, sich gegen diese Rechtsbeugung
zu sträuben, ebenso abzusetzen, wie er die Richter seiner Diebsge-
nossen in den Kassen der Banken, der Tanlongo und Genossen
eingeschüchtert hat. So sehen in Italien die Retter der Gesellschaft
vor dem Umsturz aus. Übrigens hat sich Crispi auch bei alledem
noch verrechnet, denn der tötliche Pfeil, der ihn jetzt getroffen
hat, kam nicht aus dem Lager der Socialisten, die er zu seiner
Sicherung ans Rote Meer bringen wollte, sondern von seiten Giolitti's,
seines Vorgängers im Ministerpräsidium. — K.

Scene einer vorausgegangenen Entwicklung, nicht als gleichbedeutend mit stürmischem und gewaltsamem Umsturz, wie so häufig irrigerweise angenommen wird. [1] Es ist unverkennbar, dass in den letzten Jahren dieses Jahrhunderts Europa und Amerika thatsächlich schon mitten in einer Periode der Revolution stehen; diese Revolution ist bereits durch die vorausgegangene Entwicklung vorbereitet, durch die bürgerliche Gesellschaftsordnung selbst zur Reife gebracht und erst von dem utopistischen, dann von dem wissenschaftlichen Socialismus gefördert worden. Dank diesen sind wir schon in jener kritischen Periode des socialen Lebens, welche BAGEHOT [2] als die Zeit der Diskussion bezeichnet; schon kracht es überall in dem Balkengerüst des heutigen politisch-socialen Baues und es zeigen sich dieselben symptomatischen Erscheinungen, die TAINE so anschaulich in der Erzählung der beiden Jahrzehnte vor 1789 darstellt. Diese Symptome zeigen, wie hier und da aus Bodenspalten Dämpfe und Gase dringen, wie sehr der Boden der Gesellschaft schon durch unterirdische Umwälzungen unterminiert ist, wie sehr der Druck unter der Oberfläche gesteigert ist; dieser ist dadurch nicht zu verringern, dass man an der einen

---

[1] Eine nähere Ausführung dieser wissenschaftlichen Unterscheidung zwischen Revolution und Umsturz findet sich in dem Werke von Lombroso und Laschi: »Der polit. Verbrecher und die Revolutionen«, deutsch von H. Kurella (Hamburg 1892), und in der Monographie von E. Reclus, »Evolution et Révolution« (1892).

[2] Bagehot, »Der Ursprung der Nationen«, IV. Buch. (Leipzig 1883).

oder anderen Bodenspalte Aufschüttungen versucht. Eine
Wirkung können hier nur weise Reformen und sociale
Präventivmassregeln haben, die nicht nur im Augen-
blicke nützlich sind, sondern die auch, um mit MARX
zu reden, »die Geburt der neuen Gesellschaft« weniger schmerzhaft machen würden.

Wenn Entwicklung und Revolution in diesem positiven Sinne verstanden werden, so erweisen sie sich
als die fruchtbarsten und sichersten Vorgänge der
gesellschaftlichen Neubildung; als ein natürlicher und
lebendiger Organismus erträgt die menschliche Gesellschaft keine unvorbereiteten und unvermittelten
Umgestaltungen, wie es die glauben, die der
Lehre huldigen, dass die neue sociale Ordnung
ausschliesslich oder vorwiegend durch Revolten und
gewaltsame Umsturzbewegungen erreicht werden
könne. Man könnte ebenso gut glauben, es gäbe
ein Verfahren, um einen Knaben an einem Tage,
etwa während der Pubertätsumwälzung, zum Manne
zu machen.

Der Mangel aller elementaren Kenntnisse in der
Geologie und Biologie ist daran schuld, dass viele
Männer aus dem Volk, deren Talent es an einer strengen
Schulung fehlt, zum Anschluss an den Anarchismus
neigen, auch wenn sie die gewaltsame Propaganda
desselben verabscheuen. So erinnere ich mich, dass
ein Buchdrucker nach einem meiner Florenzer Vorträge über den Socialismus zu mir kam und mir sagte,
er wäre in seinen anarchistischen Gedanken, wonach
man eines Tages von der Monarchie zur Anarchie
übergehen werde, durch meine Ausführungen stark er-

schüttert worden. Solche Ideen sind aber oft der ganze intellektuelle Besitz derer, die sich Anarchisten nennen, weil sie ihre ersten socialen Ideen von einem Agitator bezogen haben, der die Anarchie zu predigen glaubt, weil er die Beseitigung der ›Deputiertenmedaille‹ verlangt und in dem Doppelsinne des Wortes ›Revolution‹ schwelgt. Deshalb glaube ich, dass die Einführung eines gründlichen, naturwissenschaftlichen Unterrichts in den Volks- wie in den höheren Schulen das wirksamste Gegengift gegen die romantische Schattierung der individualistischen Politik sein wird, die für den Dolch des Brutus und die Weisheit des Titus schwärmt. Aber auch in den Schulfragen herrscht eine völlige Anarchie in der bürgerlichen Welt; es zeigt sich somit wieder die Richtigkeit meiner Behauptung, dass, wenn oben anarchische Zustände herrschen, der Anarchismus aus der Tiefe emporsteigt.

Es ist ja nicht unbegreiflich, dass ein halbverhungerter, an Gehirnerschöpfung leidender Arbeitsloser in seinem halb deliranten Zustande und seiner tiefen Unwissenheit sich suggerieren lässt; ein Dolchstoss auf einen Schutzmann, ein Bombenwurf oder ein Barrikadenaufstand könnte einen idealeren Zustand und höhere sociale Gerechtigkeit herbeiführen. In anderen Fällen werden leidenschaftliche Naturen durch den Impuls ihrer Gefühle und eine brennende Ungeduld zu irgend einem Putsch getrieben; solche Dinge kommen wirklich vor neben den imaginären Aufständen, die die Polizei immer und überall ›endeckt‹, um den alten Weibern beiderlei Geschlechts, dem *terreur blanc* und der Angst derer, die ihren Händen die Macht entgleiten fühlen, den Willen zu thun.

Die Taktik des wissenschaftlichen Socialismus hat nun aber, besonders in Deutschland, unter dem unmittelbaren Einflusse der MARX'schen Lehre sich von der revolutionären Romantik völlig losgesagt, deren stets erfolglos gebliebene Versuche den herrschenden Klassen nicht so fürchterlich erscheinen, weil sie mit ihren unzureichenden Kräften an dem noch festen Bau der Bourgeoisie zerschellen mussten und diese für den Moment den Triumph des Sieges und zugleich das Vergnügen hatte, die kühnsten und tapfersten ihrer Gegner untergehen zu sehen. Die Marxistische Richtung des Socialismus ist revolutionär im wissenschaftlichen Sinne dieses Wortes und befindet sich augenblicklich in voller Revolution gegenüber der in ihre kritische Phase der Entwicklung geratenen Bourgeoisie, die mit vollem Dampfe dem übertriebensten Kapitalismus zusteuert, im Auslande noch mehr als in Italien.

Der Marxistische Socialismus erklärt durch den Mund seiner gebildetsten Repräsentanten der leidenden Schar des modernen Proletariats frei und offen, dass er keinen Zauberstab besitzt, mit dem er die Welt von heute auf morgen verwandeln könnte, wie sich Theaterdekorationen verwandeln lassen, sondern er sagt, indem er den Arbeitern zuruft: »Proletarier aller Länder, vereinigt Euch«, dass die sociale Revolution erst dann triumphieren kann, wenn sie im Bewusstsein der Massen herangereift ist, wenn diese sich ihrer Klasseninteressen und der ungeheueren Macht ihres vereinten Willens bewusst geworden sind, wenn sie nicht mehr erwarten, eines Tages im Zukunftsstaate aufzuwachen, nachdem sie 364 Tage im Jahre träge und apathisch waren und sich nur am 365ten Tage zu einem Putsch oder einem Angriff gegen Einzelpersonen zusammengethan haben.

Solche Gedanken entsprechen einer Spielerpsychologie, in' welcher befangen die Arbeiter und die anderen gedrückten Klassen auf den Tag hoffen, wo sie das grosse Los der Revolution gewinnen werden, wie das Manna, das eines Tages dem Volke Israel in den Schoss fiel. [1]

Der wissenschaftliche Socialismus zeigt auf Grund der Entwicklungslehre, wie die verschiedenen Mittel der Umgestaltung um so weniger wirksam werden, je gewaltsamer sie sind. Gerade weil es sich um eine Umgestaltung der ganzen Gesellschaft in ihrer wirtschaftlichen Grundlage und damit in ihrer sittlichen, rechtlichen und staatlichen Ordnung handelt, gerade deshalb wird derjenige Umwandlungsprozess der wirksamste sein, der seinem Wesen nach am meisten social und am wenigsten individuell ist. Die individualistischen Parteien verfahren persönlich auch in ihrem täglichen Kampfe, der Socialismus ist auch

---

[1] Derartige Vorstellungen allein trifft die Satire Eugen Richter's, so die Scene, wo die Besitzer von Sparkassenbüchern so lebhaft protestieren, und die Figur der berühmten Spar-Agnes; diese Kritik ist aber vollständig gegenstandslos gegenüber dem wissenschaftlichen Socialismus, der an einen derartigen plötzlichen Umschwung nicht im mindesten denkt.

in diesem kollektivistisch, weil er kein einzelnes Individuum, sondern die ganze Gesellschaft für den gegenwärtigen Zustand der Dinge verantwortlich macht. Deshalb sieht er auch in der Menschenliebe und Wohlthätigkeit, die, so hochherzig sie sein mag, sich doch immer nur auf einzelne Personen erstreckt, kein Heilmittel; ein solches kann nur in einer kollektivistischen Gestaltung des Eigentums zu finden sein.

Auf rein politischem Gebiete genügt die Beseitigung eines einzelnen, das Exil eines NAPOLEON III. oder eines DOM PEDRO, um eine Republik herzustellen. Aber ein so oberflächliches Verfahren reicht nicht auf den Grund der socialen Frage, und die französische oder die nordamerikanische Republik sind auch als solche social nicht weniger bürgerlich als die italienische Monarchie oder das deutsche Reich, denn trotz aller formell-politischen Unterschiede befinden sie sich alle in demselben social-ökonomischen Stadium.

Darum sind Evolution und Revolution, die allein durchaus sociale und Gemeinschaftsbewegungen sind, auch allein wirksam, ein einzelner Aufstand dagegen und der Sturz oder die Vergewaltigung einzelner Personen haben einen nur sehr unbedeutenden Einfluss auf die sociale Entwicklung und schliessen viel Inhumanes und Antisociales in sich, denn sie wecken den Blutdurst der Urzeit, den Trieb des Bruderkrieges und verletzen neben der Person des Angegriffenen auch ihr eigenes, als Motiv behauptetes Princip, die Achtung für alles, was Menschenantlitz trägt, und das Gefühl der Solidarität. Man soll die Massen nicht mit der Suggestion der »Propaganda der That« und der »unmittelbaren Aktion« hypnotisieren.

Bekanntlich gestatten die Anarchisten, welche Individualisten oder »Amorphisten« sind, als regelrechtes Mittel zur Umgestaltung der Gesellschaft die Gewaltthat gegen einzelne Personen, die sich aller Mittel, vom Diebstahl (»estampage«) bis zum Mord, auch unter Genossen, bedienen soll; eine Lehre die eigentlich nur eine Übertünchung verbrecherischer Instinkte ist [1] und nichts gemein hat mit dem politischen Fanatismus, der eine ganz andere Erscheinung ist und sich bei den extremen oder romantischen Parteien aller Zeiten findet. Es ist Aufgabe der individuellen Untersuchung jedes derartigen Falles, mit psychologischen und anthropologischen Methoden zu entscheiden, ob der Urheber dieses oder jenes Attentats ein geborener Verbrecher, ein verbrecherischer Geisteskranker oder ein Verbrecher aus politischem Fanatismus ist.

Ich habe stets behauptet und behaupte es heute noch, dass der politische Verbrecher, aus dem man einen besonderen Verbrechertypus hat machen wollen, nicht eine anthropologische Varietät darstellt, sondern sehr verschiedenen anthropologischen Typen des Verbrechertums angehören kann und zwar einem der folgenden: dem des geborenen Verbrechers (mit angeborener Tendenz), dem des irren Verbrechers

---

[1] Ich habe dasselbe in psychologischer Analyse ausgeführt in meiner »Naturgeschichte des Verbrechers« (1892), p. 215. — K.

und dem des Verbrechers aus fanatischer Leiden-
schaft.

Wie die Religion im Mittelalter das allgemeine
Bewusstsein erfüllte und so viele verbrecherische oder
krankhafte Ausschreitungen färbte oder andererseits
zahlreiche Fälle von »Heiligkeit« schuf, so färben
am Ende unseres Jahrhunderts die das allgemeine
Bewusstsein so brennend beschäftigenden social-poli-
tischen Probleme, denen Journalistik und Agitation
eine unerhörte Diskussion und Verbreitung verschaffen,
die Ausschreitungen vieler aus dem Geleise geratener
Naturen und veranlassen selbst ehrenhafte, aber übermässig empfindliche Personen zu fanatischen Thaten.
Natürlich ist es jedesmal die extremste Schattierung
social-politischer Systeme, die diese suggestive Macht
im höchsten Grade besitzt.

Vor sechzig Jahren wirkten in Italien die Mazzi-
nisten und die Carbonari in dieser Art, vor
20 Jahren die Socialisten und heute die Anarchisten.
Deshalb sind Attentate gegen Personen jederzeit vor-
gekommen und haben stets den Stempel ihrer Epoche
getragen, ich erinnere nur an ORSINI und an viele
Märtyrer der nationalen Befreiungskämpfe Italiens.

Wenn solche Handlungen auch in der Erregung
des Augenblickes notwendigerweise irrig beurteilt
werden, so gehört ein definitives Urteil über dieselben
zur Kompetenz der psycho-physiologischen Untersuchung ihres Thäters, ganz wie bei allen anderen
Verbrechern.

FELIX ORSINI war ein politischer Verbrecher aus
leidenschaftlichem Triebe. Unter den anarchisti-

schen Bombenwerfern und Messerhelden unserer Tage
findet sich neben dem geborenen, der seine Wolfs-
natur unter einer politischen Hülle versteckt, der
ganz oder halb verrückte Verbrecher, der sich in
radikale Tagesmeinungen verrannt hat, und vielleicht
auch der Verbrecher aus politisch gefärbter Leiden-
schaft, dessen Gewaltthat nur durch den dem Socialismus völlig fremden, irrigen Gedanken bedingt ist,
eine einzelne Gewaltthat könne eine Umwandlung
der Gesellschaft herbeiführen. [1]

Welcher Verbrecherart diese Menschen nun auch
angehören, die von dem individualistischen Anarchismus gepredigten Gewaltthaten sind nur das natürliche,
logische Ergebnis des auf die Spitze getriebenen
Individualismus und somit auch des heutigen ins
äusserste Extrem entwickelten socialen Systems,
dagegen das wirkungsärmste und inhumanste, ja das
eigentlich antihumane Mittel gesellschaftlicher Umbildung.

Kurz nachdem diese Zeilen geschrieben waren,
legte sich erst die Aufregung über das Attentat
gegen CRISPI in Rom, am 16. Juni, und das sehr
viel ernstere, zum Tode SADI CARNOT's führende vom
28. Juni.

Als Dokument der hier entwickelten Anschauung
gebe ich nun an dieser Stelle die Erklärung wieder,
die eine Sektion der socialistischen Arbeiterpartei
Italiens am 27. Juni im Mailänder *Secolo* veröffent-

---

[1] Vgl. Hamon, ›Les hommes et les théories de l'anarchie‹
(Paris 1883). — Lombroso, ›Die Anarchisten‹ (Hamburg 1895).

lichte und in tausenden von Exemplaren in Mailand
verbreitete; dieses Manifest ist von den conservativen
und liberalen Zeitungen einfach totgeschwiegen
worden, in der Hoffnung, dadurch die übliche Ver-
wechslung des Socialismus· mit dem Anarchismus zu
erhalten. Folgendes ist der Wortlaut des Manifestes:
 »Socialistische Arbeiterpartei Italiens!

Nieder mit den Mördern! Die Menschheit unserer
Zeit fühlt die Heiligkeit des Lebens und duldet keine
Verletzung dieses höchsten Princips, das die sittliche
Seele des Socialismus ist.

Wer für das Recht auf das Leben vermittelst der
Arbeit kämpft, verwirft jedes Attentat auf das menschliche Leben von der bürgerlichen Ausbeutung in den
Werkstätten bis auf die Bombe und den Dolch revo-
lutionärer Köpfe, die nicht wissen, was sie thun.

Die socialistische Arbeiterpartei, die sich die an
der Spitze dieses Manifestes stehende Devise gewählt hat, die alles von der bewussten Organisation
der Arbeitermacht erwartet, verabscheut das soeben
an der Person des Präsidenten der Republik be-
gangene Attentat als eine Handlung der Brutalität,
als die Verleugnung jedes logischen Principes der
Revolution. Das Proletariat soll sich mit dem Bewusstsein seiner eigenen Rechte erfüllen, soll sich
eine feste Organisation geben und sich daran gewöhnen, als neuer Organismus zu funktionieren; es
soll durch die Mittel der modernen Civilisation die
politische Macht erringen. Sich planlos aufzulehnen,
aufs Geratewohl eine Bombe in ein Theater zu werfen,
einen Mord zu begehen, ist verabscheuungswert und

sinnlos; die socialistische Partei sieht in diesen Handlungen die Bethätigung von Gefühlen, wie nicht sie,
sondern die Bourgeoisie sie pflegt. Wir sind Gegner
aller Gewaltthaten der bürgerlichen Ausbeutung und
der Guillotine, ebenso wie der anarchistischen Attentate. — Es lebe der Socialismus!‹

Ich bin also in Übereinstimmung mit meiner
Partei, wenn ich die verabscheuungswürdigen Thaten
persönlicher Gewalt verwerfe.

Nach dem Tode CARNOT's hat die französische
Republik einen neuen Präsidenten gewählt und wird
ihre Politik ebenso unverändert fortsetzen wie Russ-
land nach dem Tode ALEXANDER's II. Das Attentat
auf CARNOT hat nur den einen Erfolg gehabt, im
französischen Volke Mordinstinkte zu wecken, die
sich gegen völlig unschuldige Italiener gewendet haben.

Aber diese Frage hat noch eine andere Seite,
die von Konservativen, Liberalen und Radikalen allzu
sehr vergessen wird. In den Tagen jener beiden
Attentate ereigneten sich auch zwei Grubenexplosionen,
die eine in Karwin in Mähren, bei welcher 257 Berg-
leute ums Leben kamen, die andere in Cardiff mit
210 Opfern.

So viel Bedauern der Tod eines Ehrenmannes
wie CARNOT auch einflösst, so ist das schmerzliche
Gefühl, das er erregt, doch nicht zu vergleichen mit
der Summe ·menschlicher Schmerzen, Leiden und
Nöte, von der diese 476 Arbeiterfamilien, also tau-
sende unschuldiger Menschen, betroffen worden sind.
Das Klasseninteresse füllte aber nach dem Tode
CARNOT's — wenn auch seiner selbst nicht bewusst, —

alle Zeitungen der europäischen Bourgeoisie mit
Klagen, Verwünschungen und Demonstrationen; das
würdevolle Telegramm unseres Königs HUMBERT wett-
eiferte mit den geflügelten Worten meines Freundes.
CAVALLOTTI und der Tod der Märtyrer der Arbeit.
in Mähren und Wales wurde von demselben Klasseninteresse mit dem Mantel völligsten Vergessens verhüllt.

Man wird darauf erwidern, dass die Ermordung
CARNOT's eine vorsätzliche Willenshandlung eines Fana-
tikers war, während Niemanden die Schuld an dem
Tode der 467 Grubenarbeiter trifft. Dieser Unterschied ist auch wirklich vorhanden. Aber es bleibt
zu bedenken, dass der Tod jener zwar direkt die
Willenshandlung Niemandes, dass er aber indirekt
das Werk des individualistischen Kapitalismus ist,
der zur Steigerung seines Reingewinns Ersparnisse
an der technischen Ausrüstung der Gruben erstrebt,
die übermässige Arbeitszeit nicht abkürzt und die
von der Wissenschaft ermöglichten prophylaktischen
Schutzmassregeln vernachlässigt, indem er die darauf
gerichteten gesetzlichen Vorschriften umgeht,[1] ohne
deshalb einen besonders bedenklichen Konflikt mit ·
den Gerichten fürchten zu müssen, die gegen die
herrschenden Klassen sehr viel milder verfahren als
gegen die arbeitenden.

Wären die Gruben Kollektiveigentum, so würde
der Eigentümer bei der technischen und prophylak-

---

[1] Diese Darstellung ist, was die Arbeiterschutz-Politik Italiens
betrifft, nach meinen eigenen Wahrnehmungen sicher nicht im mindesten übertrieben. — K.

FERRI, Socialismus. 10

tischen Ausrüstung derselben weniger sparsam verfahren und diese furchtbaren Katastrophen würden
sehr viel seltener werden; heute aber vergrössern
sie beständig die namenlose Schar der Märtyrer der
Arbeit, ohne die Verdauung der Aktionäre im geringsten zu stören.

Das ist der Lauf der Welt unter dem Regime
von Angebot und Nachfrage; so wird er aber nicht
mehr sein — weder mit den Präsidenten noch mit
den Kohlenhäuern, — wenn der Socialismus ver-
wirklicht ist.

Der Anarchismus, mit dessen Vertretern wir uns
oben beschäftigt haben, zählt ausser seinen individualistischen oder amorphistischen auch noch kommunistische Anhänger. Diese verwerfen die Gewaltthat
gegen die Person als regelmässiges Mittel der socialen
Umwandlung, stehen aber zu dem Marxistischen
Socialismus sowohl durch ihr letztes Ideal wie besonders durch ihre Vorstellung von der Methode der
socialen Umbildung im Gegensatz; sie bekämpfen
die Marxisten als ›legalitär‹ und ›parlamentarisch‹
und halten die Revolte für das am sichersten wirkende
Mittel zur Umgestaltung der Gesellschaft.

Mit dieser Behauptung können sie zeitweise wohl
Zustimmung finden, denn sie begegnen mit ihr den
unklaren Gefühlen und Gedanken eines grossen Teils
der arbeitenden Klassen, die mit Ungeduld die
Besserung ihrer elenden Lage erwarten, aber der
Einfluss dieser Lehre kann nur oberflächlich sein,
ganz wie der Eindruck einer platzenden Bombe, die
für den Augenblick aufregt, die Bewegung der Ent-

wicklung in der Richtung zum Socialismus jedoch nicht um einen Millimeter fördert, vielmehr eine Erregung des Gefühls hervorruft, die von der Reaktion geschickt genährt und ausgenutzt wird.

Den Arbeitern zu raten, sich ohne jede Vorbereitung zur materiellen Durchführung und vor allem ohne Sicherung der Solidarität und des gemeinsamen moralischen Bewusstseins gegen die herrschenden Klassen zu erheben, heisst nur letzteren die Geschäfte führen, denn der Sieg ist ihnen in jedem physischen Zusammenstosse sicher, solange die Entwicklung nicht reif und die Revolution nicht völlig vorbereitet ist. [1]

Deshalb hat es sich zur Zeit der letzten blutigen Unruhen in Sicilien gezeigt, dass Gewaltthaten und Aufstände dort völlig fehlten, wo der Socialismus entwickelt und bewusst war, wie unter den von Dr. Nicola Barbato socialistisch erzogenen Landarbeitern der »Piana dei Greci«, während konvulsivische Bewegungen, Auflehnung gegen die Camorra und die Ausbeuter-Ringe der Kommunal-Verwaltungen auftraten, wo die socialistische Propaganda unbekannt oder in ihren Anfängen durch die Instinkte des Hungers und der Verzweiflung zur Seite geschoben war. [2]

Die Geschichte zeigt, dass in Ländern mit vielen Aufständen die socialen Zustände auf tiefer Ent-

---

[1] Vgl. Rienzi, »L'anarchisme« (Brüssel 1893).
[2] A. Rossi, »L'agitazione in Sicilia« (Mailand 1894). — Colajanni, »In Sicilia« (Rom 1894).

wicklungsstufe stehen, denn hier erschöpfen und zersplittern sich die Kräfte des Volkes in diesen fieberhaften und konvulsivischen Ausschreitungen, die mit Zeiten des Misstrauens und der Mutlosigkeit, mit buddhistischen Anwandlungen von Stimmenthaltung abwechseln. Es fehlt ihnen die Stetigkeit bewussten Handelns, das anscheinend schleppend und schwach ist, in Wirklichkeit aber allein die Wunder der Geschichte zu bewirken weiss.

Deshalb verkündet heute der Marxistische Socialismus in allen Ländern das Princip der Erwerbung der politischen Macht, im Staate wie in der Selbstverwaltung, auf dem Wege bewusster Organisation der Arbeiter zu einer kompakten Partei; ist diese Organisation einmal geschaffen, befestigt und ausgedehnt, so werden ihre Leistungen ganz andere sein als die rebellischer Massen, sie werden revolutionär im eigentlichen Sinne des Wortes sein. Je mehr sich in der civilisierten Welt die Arbeiterpartei organisiert, desto mehr wird der unwiderstehliche Gang der Dinge die socialistische Organisation der Gesellschaft beschleunigen, erst auf dem Wege partieller, aber immer umfassenderer Konzessionen des Kapitalismus an die Arbeiterklasse, später durch die gänzliche Überführung des privaten Eigentums in Kollektiveigentum. Ob diese langsam vorbereitete gänzliche Überführung, die sich immer mehr der revolutionären Krise nähert, ihre Verwirklichung mit oder ohne Zuhilfenahme anderer Umwandlungsmittel — Aufstand und Gewaltanwendung gegen einzelne — finden wird, das kann heute Niemand voraussagen.

Unser aufrichtiger Wunsch ist, dass die sociale Revolution zur Zeit der Vollendung ihrer Entwicklung sich völlig friedlich vollziehe, wie sich andere Revolutionen vollzogen haben, ohne dass ein Blutstropfen floss, so die in der *bill of rights* gipfelnde englische Revolution zu Ende des 17. Jahrhunderts, wie die Revolution in Toskana 1859, wie die brasilianische Revolution durch das blosse Exil Dom Pedro's.

Sicher wird die zunehmende Bildung des Volkes und seine Organisierung unter der Fahne des Socialismus die Erfüllung dieses Wunsches immer wahrscheinlicher machen und die trivialen Prophezeiungen einer dem Losbrechen des Socialismus folgenden Reaktion Lügen strafen, Prophezeiungen, die nur berechtigt wären, wenn der Socialismus noch in seinen Aktions-Plänen utopistisch wäre, anstatt zu sein, was er wirklich ist, die natürliche und ungezwungene und darum unvermeidliche und unwiderrufliche nächste Phase der menschlichen Entwicklung.

Den Anfang der Revolution werden wir nicht in Italien zu suchen haben; nach meiner Überzeugung entschliessen sich die Lateiner, als Südländer, leicht zu episodischen Aufständen, die einen rein politischen Erfolg haben können, die nördlichen Völker dagegen, die Deutschen und Angelsachsen, taugen mehr zu der ruhigen, aber unerbittlichen Disciplin der echten Revolution, der kritischen Phase einer vorausgegangenen allmählichen und organischen Entwicklung, die allein eine wirklich sociale Neubildung schaffen kann.

Und in Deutschland und England beschleunigt auch die hohe Blüte der kapitalistischen Bourgeoisie unvermeidlich die Entwicklung der Schäden dieses Systems und damit die des Socialismus. Dort wird sich wahrscheinlich die grosse sociale Verwandlung abspielen — eigentlich hat sie dort ja schon begonnen — und sich von dort aus über das alte Europa verbreiten, wie sich vor einem Jahrhundert die Revolution des dritten Standes über unsern Erdteil ausgedehnt hat.

Wie dem aber auch sei, ich habe von neuem den himmelweiten Unterschied gezeigt, der zwischen Socialismus und Anarchismus besteht, und den unsere Gegner und eine servile Presse so eifrig vor den durch Furcht und Unwissenheit verwirrten Blicken zu verwischen suchen;[1] es ist klar nachgewiesen, dass der Marxistische Socialismus eine Weiterführung der naturwissenschaftlichen Denkweise ist und mit ihr völlig übereinstimmt, da er die Entwicklungslehre in sein Fleisch und Blut aufgenommen hat, und somit die definitive und lebensvolle Phase des früher in einem unklaren Gefühlsleben schwankenden Socialismus darstellt, dank der unfehlbaren Bussole des von DARWIN und SPENCER reformierten wissenschaftlichen Denkens.

---

[1] Einer der neuesten Historiker des modernen Socialismus, der Abbé Winterer, hat, wie ich bereitwillig anerkenne, vollkommen loyal überall beide Bewegungen unterschieden. (Winterer »Le socialisme contemporain« [Paris 1894]).

III. TEIL.

SOCIOLOGIE UND SOCIALISMUS

XII.

DER TOTE PUNKT DER SOCIOLOGIE.

Es ist eine merkwürdige Erscheinung in der Geschichte der Wissenschaft unseres Jahrhunderts, dass die in seine zweite Hälfte fallende tiefe Umwälzung aller Forschung durch den Darwinismus und die Entwicklungslehre zwar die biologischen und psychologischen Wissenschaften durchdrungen und verjüngt, aber den stillen See der Nationalökonomie, dieser Wissenschaft der Gesellschaft, kaum gekräuselt hat. Allerdings hatte sich noch vorher unter dem Einflusse des grossen und fruchtbaren Denkers AUGUSTE COMTE, der durch DARWIN und SPENCER etwas in den Hintergrund gedrängt worden ist, die neue Wissenschaft der Sociologie gebildet; sie sollte nach der Absicht ihres Schöpfers die glorreiche Krönung des neuen Baues der positiven Wissenschaft sein. Ich will nicht leugnen, dass die Sociologie, soweit sie eine blos beschreibende Anatomie des socialen Körpers giebt, der Wissenschaft viele und wichtige neue Entdeckungen gegeben hat, von denen sich einige zu besonderen Disziplinen entwickelt haben, unter

ihnen die kriminelle Anthropologie, die in Italien zu
einer fruchtbaren und lebensvollen Wissenschaft er-
wachsen ist.

Sobald es sich aber um socialpolitische Probleme
handelt, verfällt diese neue Sociologie in eine Art
von' hypnotischem Schlaf und gestattet ihren Jüngern
in der Socialökonomie wie in der Politik nach Be-
lieben konservativ oder radikal zu sein.

Während die Darwinistische Biologie durch ihre
Darlegung der Beziehungen zwischen Individuum und
Art und die Sociologie durch den Nachweis der
Analogieen zwischen organischem und gesellschaft-
lichem Leben dem Individuum in der Gesellschaft
dieselbe Stelle anwies, welche die Zelle im Organismus einnimmt, verharrt HERBERT SPENCER im ange-
stammten angelsächsischen Individualismus, den‚ er
theoretisch bis zum völligen Anarchismus ausgebildet hat.

So war ein Stagnieren der Sociologie unvermeidlich, nachdem ihre ersten deskriptiven Leistungen
vollendet waren, und sie war' ein Beispiel der Ent-
wicklungshemmung auf wissenschaftlichem Gebiete;
ihre Vertreter zogen sich, bewusst oder unbewusst,
vor den logischen und radikalen Schlüssen zurück,
welche durch die Umwälzung des modernen Denkens
auch auf socialem Gebiete notwendig gemacht
wurden, ja die eigentlich dann die wichtigsten
sind, wenn der Positivismus eine Wissenschaft
für das Leben sein will und nicht blos steriler
Selbstzweck.

Das Geheimnis dieses Stillstandes erklärt sich

einfach daraus, dass die Sociologie noch in ihrer
analytischen Phase und von der Synthese noch entfernt ist, und vor allem daraus, dass die konsequente
Anwendung des Darwinismus und der Entwicklungslehre auf die Gesellschaftswissenschaft unvermeidlich
zum Socialismus führt, wie es diese Schrift nachgewiesen hat.

XIII.

MARX ALS ERGÄNZER VON SPENCER UND DARWIN. KONSERVATIVE UND SOCIALISTEN.

KARL MARX hat das Verdienst, die Konsequenzen der modernen Naturwissenschaft auf die politische Ökonomie angewendet zu haben; er thut das freilich unter reichlich wuchernden technischen Einzelheiten und mit stark dogmatisch gefärbten Formeln, aber er wird in diesen formellen Eigentümlichkeiten noch von SPENCER übertroffen, dessen *First principles* neben den glänzenden Kapiteln über die Entwicklung scholastischer Spekulationen, über den Raum, die Zeit, das Unerkennbare u. s. w. enthalten. Die wissenschaftlichen Arbeiten von MARX sind freilich bis vor kurzem von der orthodoxen Wissenschaft überall totgeschwiegen worden, heute aber ist ihr unauslöschlicher Glanz überall sichtbar und er verdient den unbestrittenen Ehrenplatz neben CHARLES DARWIN und HERBERT SPENCER; mit ihnen bildet er die Trias der wissenschaftlichen Revolution, welche mit ihrem Frühlingsbrausen das Denken der zweiten Hälfte unseres Jahrhunderts erfüllt.

Es sind vor allem drei bestimmte geniale Gedanken, durch die MARX auf dem Gebiete der politischen Ökonomie die von der Naturwissenschaft
angebahnte Revolution ergänzte.

Die Entdeckung des Gesetzes vom Mehrwert, das
einen vorwiegend technischen Charakter hat als positive Erklärung der Kapitalsansammlung ohne eigene
Arbeit, ist von mir in den vorhergehenden Seiten
schon in elementarer Weise angedeutet worden und
ich gehe deshalb nicht näher auf diesen Gedanken ein.

Die beiden anderen Theorieen von KARL MARX
interessieren uns bei unsern allgemeinen Betrachtungen über den Socialismus erheblich mehr, weil
sie in der That den sicheren und unfehlbaren Schlüssel
aller Geheimnisse des socialen Lebens gewähren.

Schon 1859 hat er in seiner *Kritik der politischen
Ökonomie* angedeutet, dass die wirtschaftlichen Erscheinungen die Grundlage und die Bedingung jeder
anderen Bethätigung des Menschen und der Gesellschaft bilden, und dass deshalb Moral, Recht und Politik
nur den wirtschaftlichen Faktoren entsprechende Erscheinungen sind und zwar bei allen Völkern der
ganzen Erde in jeder Phase ihrer ganzen Geschichte.
Diese Idee entspricht dem grossen biologischen Gesetze, nach welchem die Funktion durch das Organ
bedingt wird und wonach jeder Mensch das ist, was
seine angeborene Veranlagung und die Einflüsse
der ihn umgebenden Existenzbedingungen aus ihm
machen, sie zeigt uns das erhabene Schauspiel des
Lebens der Menschheit nicht mehr als eine zufällige
Reihenfolge grosser Männer auf dem Schauplatze der

Gesellschaft, sondern als das Resultat der wirtschaftlichen Zustände. Sie ist, nach der Durchführung,
die ihr Th. Rogers [1] auf dem Gebiete der englischen
Geschichte gegeben hat, so umfassend und kraftvoll
von Achille Loria entwickelt worden, dass ich darauf
verzichte, meinerseits etwas darüber hinzuzufügen.

Nur ein Gedanke, den ich schon in *Socialismo
e criminalità* entwickelt habe, scheint mir zur Ergänzung der Theorie von Carl Marx erforderlich.
Diese an sich unangreifbare Theorie muss von dem
einseitigen Dogmatismus befreit werden, in den ge-
hüllt sie bei Marx selbst und mehr noch bei Loria
auftritt. Es ist unbestreitbar, dass alle Einrichtungen
und Erscheinungen der Gesellschaft sittliche, rechtliche und politische, nur ein Reflex der jedesmal
gegebenen wirtschaftlichen Zustände sind. Aber die
Kausalität in der Natur besteht durch die Wirkung
nicht einer, sondern zahlreicher ineinander verfloch-
tener Ursachen, und jede Wirkung wird wieder zur
Ursache neuer Wirkungen; deshalb scheint mir die
Marx'sche Formel zu schematisch. Alle socialen
Lebenserscheinungen eines Volkes sind das Ergeb-

---

[1] Th. Rogers, »L'interprétation économique de l'histoire« (Paris
1893). — Loria, »Les bases économiques de la constitution sociale«
(Paris 1894). Loria ergänzt den allgemeinen Gedanken von Carl
Marx durch eine Theorie der »Besitzergreifung des freien Bodens«
als Hauptursache und zugleich technischer Erklärungsgrund für die
verschiedenen socialpolitischen Probleme; er hat diese Theorie eingehend entwickelt in »Analisi della proprietà capitalista« (Turin
1892), in welchem Werke er sich übrigens auffallend von der induktiven Methode entfernt, indem er im I. Bande die Theorie und
im II. die Thatsachen, auf welche sie sich stützt, darstellt.

nis der Wechselwirkung seiner organischen, anthropologischen Eigenart und des Milieus, insoweit dieses
eine bestimmte wirtschaftliche Ordnung als natürliche
Grundlage des Lebens bedingt. Wie das psychische
Leben des Einzelnen, wenn auch mit geringerer Kraft als
in dem umgekehrten Prozesse, auf die organischen
Bedingungen und den Verlauf des Kampfes seiner
Existenz einwirkt, so werden die sittlichen, rechtlichen und politischen Thatsachen ihrerseits aus
Wirkungen zu Ursachen und beeinflussen somit die
wirtschaftlichen Zustände; für die positive Wissenschaft giebt es ja keinen essentiellen Unterschied
zwischen Ursache und Wirkung, ausser in der Art
ihrer Aufeinanderfolge.

So kann ein dyspeptischer Mensch, der etwas von
Gesundheitspflege weiss, einen Einfluss auf die Mängel
seines Verdauungs-Apparates ausüben, freilich nur innerhalb der Grenzen seiner Organisation, ganz wie eine
wissenschaftliche Entdeckung oder eine Änderung
des Wahlrechts die Industrie oder die Bedingungen
der Arbeit verändern kann, wenngleich nur innerhalb
der Grenzen des gegebenen wirtschaftlichen Systems.
So haben die sittlichen, rechtlichen und politischen
Institutionen eine viel grössere Bedeutung für das
Verhältnis zwischen den einzelnen Klassen der
Bourgeoisie (Agrarier, Industrielle, Finanzmänner) als
für das zwischen Arbeitnehmer und Arbeitgeber.

Ich verweise den Leser, welcher die Tragweite
jener Gedanken von KARL MARX für das Verständnis
aller grossen Erscheinungen der Kulturgeschichte
kennen lernen will, auf das Buch LORIA's; er wird

dort erfahren, wie diese Theorie der Gesellschaft
die genialste und fruchtbarste ist, die je aufgestellt
wurde, wie durch sie, ich wiederhole es, die Geschichte der Gesellschaft ebenso in ihren gewaltigsten
Dramen erklärt wird, wie das Leben des Individuums
in seinen kleinsten Episoden, mittelst einer positiven
und induktiven Methode, welche durchaus der Richtung des wissenschaftlichen Denkens — man nennt
sie materialistisch — entspricht. [1]

Die Geschichte der Menschheit ist in zwei verschiedenen Formen einseitig interpretiert worden
und deshalb unvollständig, wenn auch im Geiste
positiver Wissenschaft, — von den unwissenschaft-
lichen, auf die Hypothesen der Vorsehung und des
freien Willens gegründeten Erklärungen sehe ich hier
ab, — es sind: der von MONTESQIEU und BUCKLE begründete ›tellurische Determinismus‹ und der von den
Ethnologen vertretene ›anthropologische Determinismus‹, der alles geschichtliche Werden aus den organischen und psychischen Rasseneigenschaften herleiten will. KARL MARX ergänzt und verschmilzt beide
Theorieen, indem er sie psychologisch belebt, in seinem
›ökonomischen Determinismus.‹

---

[1] Ungenügend ist auch die These Th. Ziegler's, die sociale
Frage wäre eine sittliche Frage, weil die Moral genau in derselben
Weise eine Funktion der wirtschaftlichen Zustände ist, wie die
Psychologie eine Funktion der Physiologie. Seine Ausführungen
lenken nur die Aufmerksamkeit von dem springenden Punkte der
Frage ab, den Marx nachgewiesen hat. Dahin spricht sich ähn-
lichen Versuchen gegenüber auch de Greeff aus (›Revue socialiste‹,
1886, p. 683).

Die wirtschaftlichen Zustände sind das Ergebnis der
»anthropologischen« Kräfte und Eigenschaften, die
sich in einem gegebenen »tellurischen« Milieu entfalten,
sie sind zugleich der zureichende Grund aller anderen
Kulturphänomene, der sittlichen, rechtlichen und
politischen, des individuellen und des socialen
Lebens.

Dies ist die geniale Theorie von KARL MARX, die
positiv und wissenschaftlich ist wie je eine und die,
gestützt auf alle Ergebnisse der Geologie und Biologie, der Psychologie und Sociologie, jedem Einwande gewachsen ist. Sie allein giebt dem Rechts-
philosophen und dem Sociologen Aufschluss über
die wahre Natur und Funktion des Staates, der, wie
sie zeigt, nichts ist als »die juristisch und politisch
organisierte Gesellschaft« und deshalb nur das voll-
streckende Organ der jeweiligen wirtschaftlichen
Machthaber, die sich Moral, Recht und Politik so zu-
rechtmachen, dass sie im Besitz ihrer Privilegien
bleiben oder sie doch möglichst spät aufgeben.

Die zweite der sociologischen Theorieen, mit der
MARX die den Himmel der socialistischen Hoffnungen
verdunkelnden Nebel vertrieben und in der er dem
wissenschaftlichen Socialismus den politischen Kompass für seinen im täglichen Leben zusteuernden
Kurs gegeben hat, ist das grosse historische Gesetz
des Klassenkampfes. [1]

---

[1] Die unter den officiellen Vertretern der Nationalökonomie
bestehende Übereinkunft, Marx totzuschweigen, bethätigt sich be-

FERRI, Socialismus.   II

Die wirtschaftliche Lage der Gesellschaftsklassen
wie der Individuen ist der Grundtrieb aller ihrer
anderen sittlichen, rechtlichen und politischen Äusserungen, und deshalb wird jede Klasse und jedes Individuum den Trieb haben, entsprechend seinem
wirtschaftlichen Vorteil zu handeln, da dieser die
feste Grundlage des Lebens und die Voraussetzung
jedes anderen Lebensinhaltes ist. Deshalb wird auf
dem Gebiete der Politik jede Klasse danach trachten,
Gesetze, Einrichtungen, herrschende Traditionen und
Anschauungen so zu gestalten, wie es ihrem unmittelbaren oder mittelbaren Interesse entspricht. Die
so entstandenen öffentlichen. Einrichtungen werden
durch Vererbung und Tradition übertragen und ihr
ökonomischer Ursprung gerät dadurch in Vergessen-
heit. Juristen und Philosophen bemühen sich dann,
sie als ewige Wahrheiten zu verteidigen, ohne
an ihren realistischen Ursprung zu denken; aber das
Klasseninteresse bleibt trotzdem die einzige positive
Erklärung von Gesetzen, Zuständen und Anschauungen,
wie KARL MARX mit genialem Scharfblick erkannt

---

sonders darin, dass die Handbücher und die Historiker des Socia-
lismus seinen Namen nur nennen, wo sie die technische Seite der
Mehrwertstheorie erwähnen; von den anderen beiden Gesetzen,
dem der Abhängigkeit aller Kulturerscheinungen von den wirt-
schaftlichen Zuständen und dem des Klassenkampfes, ist gewöhnlich
nicht die Rede. Höchstens wird noch seine Mitwirkung bei der
Gründung der Internationale erwähnt, um doch etwas zu sagen.
Vgl. Laveleye, >Le socialisme contemporain<, 1885, Kap. VI. —
Rae, >Contemporary socialism<, 1887. — G. Gross, >Karl Marx<
(Leipzig, 1885), p. 81.

hat. In der modernen Welt giebt es, streng ge-
nommen, trotz aller untergeordneten Spielarten nur
zwei scharf von einander getrennte Klassen, auf der
einen Seite die Arbeiter aller Kategorieen, auf der
anderen die nicht arbeitenden Eigentümer; deshalb
ist die praktische und politische Konsequenz der
MARX'schen Lehre, dass es nur zwei politische
Parteien geben kann, die socialistische Arbeiterpartei
und die individualistische Partei der im Besitz des
Bodens und der übrigen Produktionsmittel befindlichen
Klasse; denn die politischen Parteien sind nur das
Echo und die Stimmführer der Klasseninteressen,
soviel Spielarten sie auch bei oberflächlicher Betrachtung zeigen mögen.

Je nach der Art des wirtschaftlichen Monopols
zeigen die kapitalistischen Parteien eine gewisse
Verschiedenheit der politischen Färbung, und ich
habe immer darauf hingewiesen, dass die Grossgrundbesitzer auch in der Politik die starre Unbeweglich-
keit vertreten, während das bewegliche Kapital oder
die Industrie Vertreter hat, die, an· Neuerungen, Ver-
besserungen und oberflächliche Umgestaltungen ge-
wöhnt, die Partei des sogenannten Fortschritts vertreten,
ferner, dass die, deren ganzes Kapital in der Intelligenz besteht, zum politischen Radikalismus neigen.
ZANI unterscheidet 3 Parteien: Die des Rückschritts,
die der Entwicklung und die der Revolution. Dieser
Unterschied erscheint mir mehr formell, da sein
Einteilungsgrund der Taktik, nicht dem Inhalt des
Parteilebens entnommen ist.

Gegenüber der Substanz der Dinge jedoch, d. h.

11*

gegenüber der Eigentumsfrage, sind Konservative,
Fortschrittler und Radikale durchaus individualistisch;
sie sind Fleisch und Bein von derselben Gesellschafts-
klasse und deshalb — trotz aller gefühlvollen, aber
bedeutungslosen Sympathien — radikal geschieden von
der Arbeiterklasse. Auch von denen sind sie getrennt,
die zwar von Geburt der anderen Seite angehören,
dennoch aber das politische Programm der Abeiter
adoptieren und vertreten, d. h. die Socialisierung des
Bodens und des Produktionsmittels, mit all den radikalen Umwandlungen auf dem Gebiete der Moral,
des Rechts und der Politik, welche dieses Ereignis
naturgemäss in der menschlichen Gesellschaft be-
dingen wird.

Das politische Leben unserer Zeit kann nur entarten und zum verkommensten Byzantinismus oder
dem gemeinsten Geschäftsinteresse werden, wenn es
sich ausschliesslich in den Scharmützeln der individualistischen Parteien bewegt, deren Unterschiede
nur in verschiedenen Etiketten bestehen, sonst aber
derartig verrwirrt und verwischt sind, dass man oft bei
radikalen Fortschrittlern rückläufigere socialpolitische
Gedanken findet als bei manchen Konservativen.

Erst das Wachstum und die Vertretung der socialistischen Partei wird das politische Leben verjüngen und beseelen; wenn in Italien die historischen
Gestalten der Patrioten von der Bühne abgetreten
und die rein persönlichen Differenzen zwischen den
parlamentarischen Parteien ausgeglichen sind, wird
es unvermeidlich zu der Koalition der individualistischen Parteien kommen, die ich in der parlamen-

tarischen Redeschlacht des 20. Dezember 1893 verkündet habe und auf deren allmähliche Entstehung
zahlreiche Symptome deuten. Dann werden die
historischen Kämpfe anfangen und der Klassenkampf
wird auf politischem Gebiete seinen wohlthätigen Einfluss beginnen; ich, verstehe unter diesem Kampfe nicht
Zornausbrüche und Beschimpfungen, parlamentarische
Prügelscenen und Attentate, sondern den gewaltigen
Ernst eines socialen Dramas, das sich, wie ich von
ganzer Seele wünsche, unter einer fortschreitenden
Bildung und Humanisierung ohne blutige Katastrophen abspielen wird, das aber mit fataler Not-
wendigkeit kommen muss und das zu verhindern
oder zu verzögern weder uns noch andern gegeben ist.

Diese socialpolitischen Ideen führen, wie man
nun sehen wird, als wissenschaftliche Überzeugungen
zu jener persönlichen Toleranz und zugleich jener
Intransigenz des Denkens, wie sie das Ergebnis des
Einflusses der Psychologie auf das philosophische
Denken ist, und aus dem heraus wir bei aller Sympathie
für die Vertreter des radikalen Individualismus (wie
im übrigen für alle aufrichtigen Verfechter einer ehr-
lichen Überzeugung) unbedingt behaupten müssen,
dass es für den Socialismus keine verwandte Partei
giebt. Es gilt, sich zu entscheiden, ob man Indivi-
dualist oder Socialist ist; es giebt keinen mittleren
Weg und ich habe mich immer mehr davon überzeugt,
dass für eine socialistische Partei, welche leben will,
die einzige nützliche Taktik darin besteht, intransigent
zu sein in ihren Ideen und jede sogenannte Allianz

mit nahestehenden Parteien, die für den Socialismus nichts Lebensfähiges vertreten, zurückzuweisen.

Konservative und Socialisten sind natürliche Ergebnisse der angeborenen Organisation und des umgebenden gesellschaftlichen Mittels, denn man wird mit dem Hange zum Alten oder dem Triebe zum Neuen geboren, wie man mit dem Talent des Malers oder des Chirurgen geboren wird. Die Socialisten haben deshalb gegen die aufrichtigen Vertreter einer der konservativen Fraktionen weder Groll noch Verachtung, so rücksichtslos sie auch die Ideen derselben bekämpfen. Wenn ein Socialist einmal intolerant oder verletzend wird, so ist er nur das Opfer momentaner Erregung oder eines gleichgewichtslosen oder cholerischen Temperaments und deswegen zu entschuldigen.

Mitleid erregend aber ist es, zu sehen, wie gewisse Konservative, ›jung an Jahren, aber Greise des Gedankens‹, — denn eine konservative Gesinnung bei einem jungen Manne ist entweder ein Zeichen des Strebertums oder der psychischen Schwäche — eine süffisante und fast herablassende Miene annehmen dem Socialisten gegenüber, den sie bestenfalls als aus dem Gleise geraten betrachten; sie bedenken dabei nicht, dass Greise normalerweise konservativ sind, dass aber ein junger Mann von konservativer Gesinnung — mit wenigen Ausnahmen — ein blosser Egoist ist, der sich fürchtet, um das behagliche Nichtsthun zu kommen, zu dem er geboren ist, oder die Nahrung einzubüssen, die er so bequem an der für die Rechtgläubigen stets gefüllten Krippe findet.

Wenn solche Menschen nicht Mikrocephalen sind, d. h. wenn sie nicht einen zu kleinen Schädel haben, so haben sie sicher ein zu kleines Herz. Der Socialist aber, der nichts zu gewinnen, aber alles zu verlieren hat,[1] wenn er seine Gedanken offen vertritt, kann diesem Egoismus die ganze Überlegenheit seines selbstlosen Altruismus entgegensetzen, zumal wenn er trotz seiner Herkunft aus dem Adel oder der Bourgeoisie die Verlockungen des glänzenden Müssigganges verachtet, um die Sache der Unglücklichen und Unterdrückten zu der seinen zu machen.[2]

Aber, heisst es, »diese socialistischen Bourgeois« haschen ja nur nach Popularität. Nun, das wäre jedenfalls ein wunderlicher Egoismus, der dem bürgerlichen Liberalismus mit seinen gutbesoldeten Stellen und schnellen Gewinnen den socialistischen Idealismus vorzöge, nur aus einem Verlangen nach Popularität, die er mit andern, viel weniger kompromittierenden Mitteln noch leichter erlangen könnte.

Möge die Bourgeoisie, wenn sie eines Tages die wirtschaftliche und politische Macht abgiebt, die fürderhin allen zugute kommen soll, Siegern und Besiegten, die in der gemeinsamen Sicherheit eines menschenwürdigen Lebens Brüder werden sollen,

---

[1] Seitdem Ferri diese Zeilen geschrieben hat, ist er durch raffinierte Kniffe der juristischen Fakultät in Pisa aus seiner dortigen Professur verdrängt worden. — K.

[2] Vgl. De Amicis, »Osservazioni sulla questione sociale« (Lecce 1894). — Labriola, »Il socialismo« (Rom 1890). — G. Oggero, »Il socialismo«, II. ed. (Mailand 1894).

möge die Bourgeoisie dann eine ebenso würdevolle
Haltung bewahren, wie der französische Adel im Augen-
blicke seiner Depossedierung durch das in der Revolution triumphierende Bürgertum.

Die Geschichte wird das eines Tages zeigen;
ihre innere und vollkommene Übereinstimmung mit
den sichersten Ergebnissen der positiven Wissenschaft
erklärt nicht nur die ungeheueren Fortschritte der
Propaganda, die auch der rein negative Effekt eines
gesteigerten moralischen oder materiellen Notstandes
sein könnte, sondern auch vor allem die einheitliche
und die bewusste Solidarität, in der sich eine so
grossartige moralische Erscheinung äussert, wie sie
die Weltgeschichte noch nicht gesehen hat, ausser
in der Bewegung des Urchristentums, deren Wirkungs-
kreis allerdings erheblich enger war als der des
modernen Socialismus.

Und nun muss ich Gegnern und Anhängern
sagen, dass ich nicht in der Rückkehr zum Mystizismus, [1] in der die skeptische Bourgeoisie eine Rettung
aus der moralischen und materiellen Krise des
Augenblickes sieht, wie eine alternde Sünderin in
der Frömmelei, sondern im Socialismus die einzige

---

[1] Es giebt einen socialen Mystizismus, dem ich meine Sympathie
nicht versagen kann; dazu gehört das Wirken Tolstoi's, der seinem
Socialismus eine eigentümliche Färbung giebt durch die aus der
Bergpredigt genommene Forderung: widerstrebe nicht dem Übel!
Tolstoi ist deshalb auch ein beredter Gegner des Krieges und ich
habe mit Freuden bei ihm ein Citat aus einem meiner Vorträge gegen
den Krieg gefunden. Immerhin steht er der Wissenschaft so fern,
dass man seinem Wirken keinen radikalen Erfolg versprechen kann.

Kraft sehe, die, wie das Christentum am Ende der römischen Welt, heute der altgewordenen menschlichen Civilisation die Hoffnung auf eine bessere Zukunft wiedergiebt, im Namen eines Glaubens, der sich nicht auf ein dumpfes Gefühl stützt, sondern sicher und fest gegründet ist auf das moderne wissenschaftliche Bewusstsein.